작가의 말

　세상에는 우리에게 너무나 당연하게 주어지는 것들이 많아요. 공기, 물, 햇빛, 비 그리고 우리가 서 있는 이 땅이 그렇죠. 만약, 어느 날 갑자기 이 모든 것이 사라지면 우리는 어떻게 될까요? 학교에서 공부를 하는 것도, 운동장에서 친구들과 뛰노는 것도, 주말에 부모님과 떠나는 나들이도 먼 나라 이야기가 되어 버리겠죠.

　우리는 좀 더 편리하고 풍족한 생활을 하기 위해 지구의 자원을 끊임없이 사용해 왔어요. 사람들의 욕심이 커지는 만큼 지구는 더 많은 것을 내 주어야 했고, 점점 병들어 가기 시작했지요. 지구를 함부로 대하는 것도 모자라 엄청난 오염 물질을 무책임하게 여기저기 뿌려대기도 했으니 지금쯤 지구의 건강 상태는 우리 생각보다 더 위중할지도 몰라요.

　그래서 처음으로 되돌아가서 생각해 보았어요. 우리의 욕심이 지구를 위협할 만큼 크지 않았던 시절, 자연에 대한 존중과 배려가 있었던 시절에 대해서 말이에요. 여러 자료를 조사하면서 우리 조상들이 생활 속에서 지구를 지키기 위해 노력했던 점들을 찾을 수 있었고, 그 지혜를 여러분과 나누고 싶다는 생각이 들었어요. 아기 기저귀도 냇가에서 함부로 빨지 않았던 신중함, 버려질 자원을 아름다운 조각보로 재탄생시켰던 지혜, 한 밭에 여러 식물을 함께 심어 생물 다양성을 지켜냈던 포용력까지 우리가 조상들에게서 배울 수 있는 것들이 차고 넘쳐 났지요. 역사는 과거의 이야기이기도 하지만 현재를 살아가는 우리가 참고할 수 있는 지혜의 샘이기도 하지요.

  이제 일곱 가지 무지개 빛과 같은 조상들의 이야기를 만나 볼까요? 무릎을 탁 하고 칠 만한 보물 같은 이야기가 여러분을 기다리고 있을 거예요.

고은지

| 차 | 례 |

하나
조상들의 그린벨트,
　　　숲의 나무를 지켜 주세요 … 7

둘
조상들의 수질 보호,
　　　기저귀는 어디서 빨아요? … 27

셋
조상들의 업사이클링,
　　　조선 최고의 침선장이 될 테야! … 47

넷
조상들의 친환경 소재,
만능 짚풀, 너 정체가 뭐야? … 67

다섯
조상들의 에코 패션,
천수의 새 옷 … 87

여섯
조상들의 자연 순환 농법,
땅도 살리고 누렁이도 살리고 … 107

일곱
조상들이 지켜낸 생물 다양성,
천하무적 옥수수 밭 … 125

하나

조상들의 그린벨트, 숲의 나무를 지켜주세요

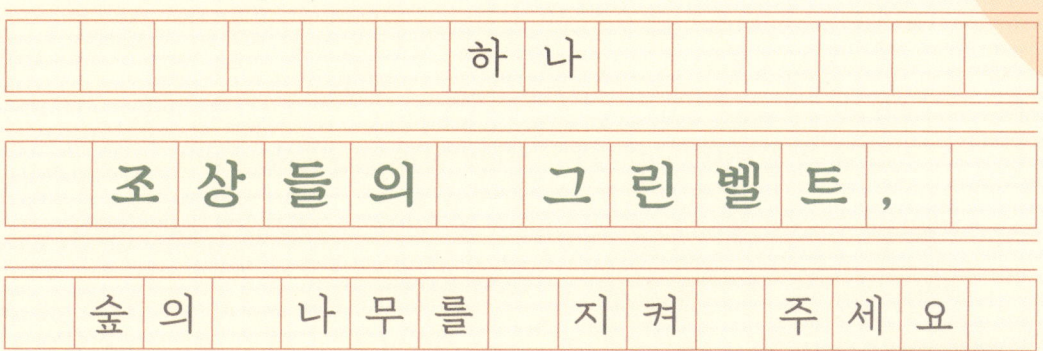

덕이는 오늘도 이른 아침 절에서 나와 나무가 무성한 숲으로 향한다. 아직 열두 살 밖에 되지 않은 꼬마 스님이지만 이래봬도 절에서 생활한 지 10년이 다 되어 가는 고참이다. 덕이는 절에서 아주 중요한 역할을 맡고 있다. 지금 그 일을 하러 숲으로 가고 있다.

소나무 숲에 도착한 덕이는 나무 하나하나를 꼼꼼하게 살폈다.

'하나, 둘, 셋… 열하나, 열둘. 지난번 왔을 때와 수는 같아. 누가 베어 가지는 않았군. 근데, 송충이는 좀 잡아 줘야겠다.'

덕이는 망태기에서 나무 막대기를 꺼내어 소나무에서 송충이를 하나하나 집어내었다. 털이 부숭부숭 달려서 꿈틀거리는 것이 너무 징그러워 몸서리쳐졌다. 하지만 송충이를 처음 잡았을 때보다는 훨씬 능숙해진 티가 났다. 이쯤 되면 조선팔도에서 송충이잡기로는 최고가 아닌가 싶다. 뿌듯함에 기분이 좋아지고 어깨에 힘이 들어갔다. 송충이 잡는 손놀림도 빨라졌다.

그때 산 밑에서 웅성거리는 소리가 들렸다. 덕이가 관리하는 이 산은 일반인의 출입이 금지된 곳이다. 그런데 사람들의 인기척이 들리다니? 아마 나랏님 몰래 소나무를 베어 가려는 못된 마음을 품은 사람들일지도 모른다. 덕이는 얼른 큰 바위 뒤로 몸을 숨겼다.

한 무리의 사람들이 정체를 드러냈다. 그중 대장으로 보이는 듯한 사람이 말했다.

"음…. 여기가 사람들 눈도 없고, 한적하니 괜찮을 듯하구나. 우리가 가을철에 산에서 사냥을 한다는 것이 알려지면 큰 벌을 받을지도 모른다. 그러니 주변에 알려지지 않게 조심해야 할 것이야."

"물론입지요. 해뜨기 전에 출발했으니 우리를 본 사람도 별로 없을 것입니다. 아마 해 질 녘쯤 마을 뒷길로 돌아가면 사람들의 의심을 피할 수 있을 것이옵니다."

그들은 덕이가 좀처럼 이해할 수 없는 말을 주고받았다.

"그래, 그럼 시작해 보지! 한동안 사냥을 못해서 몸이 얼마나 근질근질했는지 모른다. 나라에서는 무슨 걱정이 그리도 많아 사냥을 하다가 불이 날 걱정까지 하는지 원. 불로 사냥감을 몰고 온 뒤에 얼른 꺼 버리면 될 것이 아니냐?"

"맞습니다요. 게다가 가을철에는 먹을 것이 풍성하여 짐승들이 통통하게 살이 올라 있을 것이옵니다. 사냥하기에는 가을이 딱 제철입죠."

바위 뒤에서 그들의 대화를 모두 들은 덕이는 깜짝 놀랐다. 덕이가 몸담고 있는 절에서는 나라의 명을 받아 나무를 보호하고 가꾸기 위해 이 숲을 관리하고 있었다. 그런데 사냥이라니! 사냥을 하려면 주변의 나무를 벨 테고 사냥감을 유인하기 위해 여기저기 불을 놓을 것이 뻔했다. 덕이는 그냥 있을 수 없었다. 조심조심 뒷걸음질 쳐 아무도 모르게 숲을 빠져나와 전속력으로 온 힘을 다해 절로 달렸다.

"스님! 스님! 주지 스님! 큰일 났습니다!"

덕이는 절에 도착하자마자 주지 스님부터 찾았다.

"왜 이리 소란이냐?"

"스님, 지, 지금 숲에…."

덕이는 거친 숨을 몰아쉬며 주지 스님께 자초지종을 설명했다.

"뭐라고? 그렇게 놓아둘 수는 없지."

덕이의 말을 들은 주지 스님은 자리에서 벌떡 일어났다. 그러고는 절에 있는 모든 스님을 한곳에 불러 모아 스님들을 향해 큰 목소리로 말했다.

"우리의 힘을 모아 숲을 지킬 일이 생겼소. 모두 나를 따르시오."

그리고 덕이를 향해서 말했다.

"덕이야, 너도 따라 나서거라."

"예, 스님."

숲에 도착해 보니 이미 여러 그루의 나무가 베어져 있었다. 게다가 몇 명의 사람들이 막 불을 놓으려던 참이었다.

주지 스님은 무리를 향해 큰 소리로 외쳤다.

"멈추시오!"

그 소리가 어찌나 큰지 산에 있던 사람 모두가 일제히 주지 스님을 쳐다보았다.

"지금 무슨 짓을 하는 것이오? 나라가 보호하는 산에서 지금 사냥을 위해 나무를 베고 불을 놓으려 하는 것이오?"

양반은 깜짝 놀라 잠시 머뭇거렸다. 하지만 이내 스님들인 것을 확인하고는 안도의 한숨을 내쉬며 심드렁한 표정으로 주지 스님에게 다가섰다.

"보아하니, 가까운 곳에 사는 스님들인 듯합니다. 그런데 뭔가 잘못 알고 오신 듯하오. 사냥이라니요? 지금은 진법 수련 중입니다. 여보게, 그렇지 않은가?"

양반은 얼른 옆에 있던 시중을 불러냈다.

"네? 네, 그렇지요. 지금은 진법 수련 중입니다. 스님께서 뭔가 잘못 알고 오신 것 같습니다."

두 사람의 말을 다 듣고 난 주지 스님은 주위를 천천히 둘러보았다. 그러고는 말씀을 이어 나갔다.

"진법 수련이라 하셨소? 진법 수련이라 함은 군졸들에게 창과 방패, 활을 사용하는 법을 익히게 하고 대열을 정비하는 것이라 알고 있소. 넓게 펼쳐진 목장이나 들판에서 깃발과 북으로 신호를 내리고 구령에 맞춰

동작하는 것이라 알고 있소이다만. 어찌하여 나무로 다 가려져 시야가 어두운 이 숲에서 이러고 있는 것이오? 나리는 이 숲이 아무 노력 없이 지켜지는 것이라 생각하시오?"

그러고는 덕이를 불렀다.

"이 아이가 우리 사찰의 산감이요. 아직 어리기는 하나 매일같이 이 숲을 지키는 데 큰일을 하고 있소. 덕이는 오늘 한 일을 고하거라."

"네, 스님. 소인은 오늘 새벽 산을 둘러보며 나무의 상태를 둘러보았습니다. 병해충에 감염된 나무는 없는지, 혹 간밤에 누가 베어 가지는 않았는지 그 수를 세어 보는 일로 하루 일을 시작했습니다. 오늘은 소나무에 송충이가 많은 듯하여 송충이를 잡아 주었사옵니다. 다행히도 야생동물 사체가 발견되지는 않아 따로 묻어 주지는 않아도 되었습니다."

덕이의 말을 귀담아 들으시던 주지 스님은 양반을 쳐다보며 말씀을 이어 나갔다.

"나리께서도 잘 들으셨지요? 이 어린아이도 숲을 지키기 위해 새벽부터 이렇게 부지런히 움직이고 있습니다. 그런데 설마 고을을 위해 큰일을 한다고 소문난 지체 높으신 나리께서 숲을 헤치는 일을 하시지는 않으시겠지요? 사냥이건 진법 수련이건 소인은 작은 암자에서 기도나 하는 늙은 중이라 그게 무언지는 잘 모르겠습니다만 어떤 이유에서건 그 일이

나무를 함부로 베고 불을 놓아 숲을 태울 만큼 중요한 일인지는 꼭 짚고 넘어가야겠습니다. 나리께서 답을 하기 어려우시다면 제가 직접 원님을 뵙고 여쭤 보도록 하지요."

그러자 양반의 얼굴이 빨갛게 달아올랐다.

"아니, 스님! 무슨 말씀이시오. 내가 그것을 모른다는 것이 말이 되오? 나도 누구보다 숲이 중요하다는 걸 알고 있소! 그리고 진법 수련은 이 자가 꼭 숲에서 해야 한다고 해서 내가 어쩔 수 없이 이곳으로 정한 것이오!"

양반은 얼굴이 빨개지며 옆에 있던 시중을 가리켰다. 시중은 어이 없다는 표정으로 양반을 쳐다보았지만, 양반은 애써 시선을 피했다.

"모두 철수 준비를 하여라!"

결국 양반과 그의 무리들은 우왕좌왕하며 산을 내려갔다.

서둘러 내려가는 사람들을 보며 주지 스님은 덕이의 어깨를 도

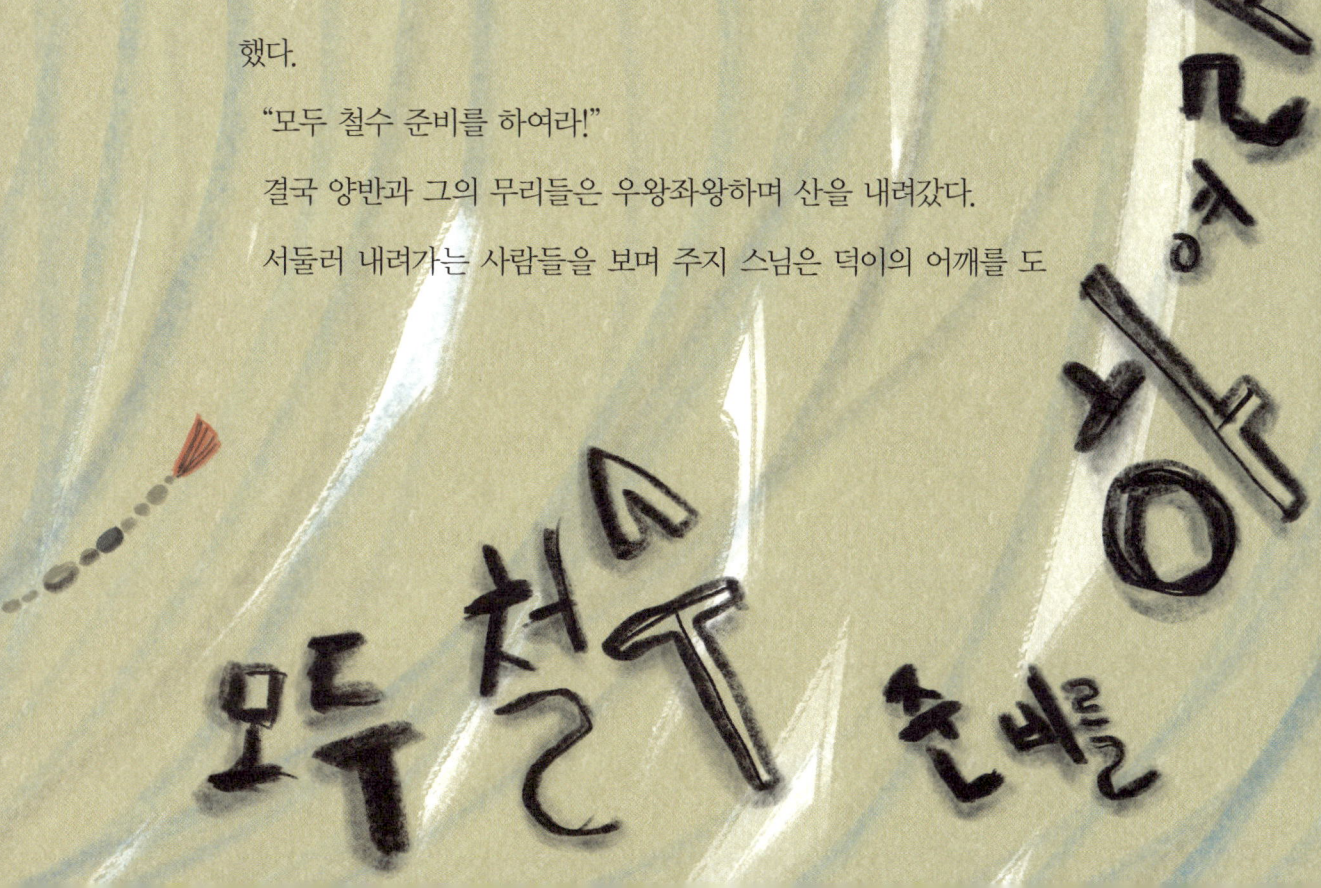

닦거려 주었다.

"덕이야, 오늘 네가 큰일을 해냈구나!"

주지 스님의 격려를 받은 덕이는 오늘 한 뼘 더 자란 기분이 들었다. 그러고는 숲을 보며 더 든든한 산감 스님이 되어 숲을 지키겠다고 다짐했다.

> 더 알아보아요

조상들의 지구 지키기
숲을 지키는 조상들의 노력, 산감과 송계

숲을 지키려는 국가의 노력

우리나라는 국토의 70%가 산지로 이루어져 있어. 울창한 숲과 맑은 계곡 물이 잘 어우러져 절경을 이뤄 우리 국토를 '금수강산'이라고 부른다는 것은 알고 있을 거야. 이렇듯 우리 민족의 주 활동 무대는 숲일 수밖에 없었어. 조상들은 숲에서 성장하고 많은 자원을 제공받으며 살았기 때문에 숲이 얼마나 소중하고 중요한 곳인지 일찍부터 알고 있었단다. 그래서 삼국시대부터 국가 차원에서 숲을 지키려는 움직임이 있었지. 그리고 조선시대에는 그 움직임이 좀 더 커져 다양한 산림법이 만들어지기도 했어. 나무를 사랑했던 조선의 정조 임금은 산림을 보호하기 위해 '송금절목'이라는 규칙을 만들기도 했지. 개인의 산이라고 해도 산의 나무를 함부로 베지 못했고, 필요한 나무는 특별히 지정된 곳에서만 벨 수 있었어. 이것으로 과도한 벌목을 막았단다.

숲을 지키려는 백성들의 노력 하나, 산감 스님

아무리 나라에서 숲을 지키자고 목소리를 높여도 백성들이 움직이지 않으면 무슨 소용이 있겠어? 사실, 우리나라의 숲이 이렇게까지 지켜져 내려온 것에는 많은 백성들의 노력이 담겨 있어.

덕이가 매일 아침 새벽마다 절 주변의 숲을 살피며 누가 몰래 나무를 베어 가지는 않는지, 해충이 생겨서 나무가 병들어 가고 있지는 않은지, 산불이 날 조짐이 보이지는 않는지 등을 살핀 일을 기억하고 있지? 이 일들이 '산감 스님'이 하는 역할이야. '산감 스님'은 각 절에서 숲을 감시하고 보호하는 역할을 맡은 스님들을 말해. 가끔 몰래 나무를 베는 사람들을 상대해야 하는 일이 생기기도 해서 일부러 무예를 익히는 산감 스님도 꽤 있었대.

숲을 지키려는 백성들의 노력 둘, 송계

산 밑 백성들도 숲 속 사찰의 '산감 스님'처럼 각 마을의 뒷산을 책임지고 살펴보는 역할을 돌아가며 맡기도 했어. 그것을 '송계'라고 해. 송계의 '계'는 전통적인 협동 조직을 뜻해. 그러니까 '송계'는 '소나무 숲을 가꾸는 협동 조직'이라고 풀이할 수 있지.

소나무는 다른 나무에 비해 재질이 강하고 오랜 기간 상하지 않는다는 장점이 있어. 그래서 주로 궁궐을 짓거나 배를 만들 때 썼대. 당연히 다른 나무보다 귀한 대접을 받았고 말이야. 특히 조선시대 산림 정책은 소나무를 기준으로 실시되었다고 봐도 무리가 없어. 그래서 협동 조직의 이름도 소나무 송(松)을 써 '송계'가 될 정도였지. 송계에서는 적절한 벌채량을 마을의 규정으로 정하고 그것을 지키려고 노력했어. 또 숲을 보호하는 데 필요한 물품을 구입하기 위한 기금도 공동으로 걷어서 마련했지. 특히 송계원들은 나무가 잘 자랄 수 있도록 가지치기나 잡목을 제거하는 일을 서로 힘을 모아 해결했어. 그리고 가지를 치고 얻은 잔가지는 각 가정에서 땔감으로 활용하는 지혜를 보이기도 했지.

소나무 ▶

이런 사람도 있어요
나무를 심는 왕, 정조

　조선의 제22대 임금이었던 정조는 별명이 '식목왕'일 정도로 나무를 많이 심었어. 병자호란으로 황폐해진 국토를 다시 푸르게 만들어야겠다는 생각에서였을까? 정조는 나무의 수를 늘리기 위해 다양한 방법을 시도했어. 나무 심기만 전담하는 '식목직'이라는 관직을 만들기도 했고, 나무만 전문으로 운반하는 '운목군'을 따로 두기도 했지. 이들에게는 안정된 급여를 지급하며 나무 심기에만 전념할 수 있도록 했어. 정조는 심은 나무를 관리하는 것에도 많은 노력을 기울였어. 전국의 나무 수와 종류를 꼼꼼하게 기록하고, 매번 그 상태를 점검하기도 했지. 이러한 노력 덕분에 6~7년 사이에 새롭게 가꾸어진 나무의 수가 무려 1,200만 그루가 넘었대. 미래를 내다보는 지도자의 안목이란 이런 것이 아닐까?

더 알아보아요

우리들의 지구 지키기
숲, 왜 지켜야 할까요?

숲, 자원의 보고이자 천연 공기청정기

조선시대에는 꽤 엄격한 산림 정책을 펼쳤어. 나라의 숲은 특정 개인의 것이 아니라 임금부터 백성까지 모두 함께 사용하는 공동 자원이라는 생각이 있었기 때문이지. 그리고 한 번 파괴된 숲을 다시 되돌리는 데 많은 시간과 노력이 든다는 것을 알고 있었기 때문에 숲을 보호하기 위한 다양한 정책을 실시했어.

실제로 숲은 목재를 제공하는 풍부한 자원의 창고 역할을 하기도 하지만, 자동차 매연, 미세먼지, 황사 등 각종 오염 물질로 더러워진 대기 중의 공기를 깨끗하게 해 주는 공기청정기 역할을 하기도 해. 연구 결과에 따르면, 1ha(잠실 야구장 정도)만큼의 숲이 있으면 연간 미세먼지 46kg을 포함한 대기 오염 물질 168kg(아마 어린이 4~5명 정도를 한번에 안은 무게 정도 되지 않을까?)을 흡수할 수 있다고 하니 숲의 공기 정화 기능이 얼마나 대단한지 새삼 느낄 수 있어.

또 최근 들어 점점 심각해지고 있는 기후변화의 위기에도 숲은 그 해결책을 제시해 주기도 해. 숲에 있는 나무들이 기후변화의 원인인 이산화탄소(CO_2)를 흡수하는 데 큰 역할을 하기 때문이지.

다양성을 생각한 나무 심기

여기서 중요한 사실! 숲이 중요하다고 무턱대고 아무 나무나 심어서는 안 돼. 분별없이 나무를 심었다가는 숲이 몇몇 종으로만 이루어질 수 있기 때문이야. 그렇게 되면 오히려 숲의 생태계는 다양성을 잃을 수 있어. 또, 땅의 성질에 맞지 않은 엉뚱한 나무를 심으면 오히려 국가의 재정과 많은 사람들의 노력이 낭비될 수 있다는 점도 고려해야 하지. 그래서 숲을 조성할 때는 전문가의 의견을 참고하여 잘 계획한 다음 나무 심기를 해야 해. 그리고 심은 나무는 꾸준히 관리해 주어야 하지.

하지만 그것보다 더 좋은 방법이 있어. 맞아! 바로, 우리 조상들처럼 이미 있는 우리의 자연 숲을 잘 관리하고 보호하는 거야.

산불로부터 소중한 숲을 지켜 주세요

숲은 현재의 우리뿐 아니라 미래 세대에게 더 없이 중요한 곳이야. 그런데 이렇게 중요한 숲이 2020년 한 해에만 산불로 2,920ha(여의도 면적의 약 10배)만큼의 면적이 소실되었다고 해. 아무리 애써 가꾼 산림도 산불이 나면 다시 그 모습을 복원하는 데 40년에서 길게는 100년이 걸릴 수 있다는 연구 결과가 있다니 충격적이야. 다른 무엇보다도 지금의 숲을 보존하는 것이 녹색 지구를 지키기 위한 첫걸음이 될 수 있어. 우리에게 소중한 자원인 숲을 아끼고 보호해서 기후변화로 점점 더워지는 지구를 다시금 살려 보자.

---

* **기후변화** 지구의 평균 기온이 점점 상승하면서 이상기온 현상이 일어나고 생물종이 멸종하는 현상이다. 에너지 사용을 위해 많은 화석 연료를 태우면서 발생하는 온실가스가 지구의 온도를 높이고 있다.

> 더 알아보아요

모두의 지구 지키기 캐나다 편
벤쿠버 시민들이 사랑하는 '스탠리 파크'

　캐나다는 세계에서 세 번째로 넓은 면적의 숲을 가지고 있는 나라야. 캐나다의 숲 면적은 대한민국 크기의 3배나 되지. 캐나다의 여러 도시 중에서도 벤쿠버는 국제 환경보호 단체인 그린피스(Green Peace)의 본부가 있을 정도로 환경 보존의 열기가 뜨거운 곳이야.

　이 벤쿠버에 어마어마하게 큰 도시 공원이 있어. 바로 '스탠리 파크'라는 곳이야. 이 공원은 벤쿠버 시민들이 직접 관리하는 공원으로도 유명해. 관리 상태가 매우 좋아서 1,000년 이상 된 나무를 쉽게 찾아볼 수 있어. 시민들은 원시림에 가까운 숲을 원형 그대로 잘 보존하기 위해 1991년 환경 전

문가들과 함께 '스탠리파크생태협회(SPES, Stanley Park Ecology Society)'를 세워 지금까지 운영하고 있어. 여기서는 스탠리 파크를 지키기 위한 기금을 모으기도 하고, 장기적인 산림 보호 프로그램을 위해 어린이 교육을 중점적으로 실시하기도 하지. 물론 스탠리 파크의 환경을 사랑하기 때문에 숲의 환경을 깨끗하게 지키기 위한 생활 행동 규칙을 지키는 것은 기본이고 말이야.

　밴쿠버 시민들은 숲과 인간은 서로 떨어져 살 수 없는 관계라고 생각한대. 그래서 숲을 지키는 것이 자연스럽게 생활의 일부로 녹아들어 가 있는 거지. 숲을 내 몸처럼 사랑하는 밴쿠버 시민들의 모습은 참 멋진 것 같아.

둘

조상들의 수질 보호, 기저귀는 어디서 빨아요?

"**갑분아!** 이리 와 보거라."

요즘 들어 어머니께서는 갑분이를 자주 부르신다. 동생을 낳고 몸을 회복한 지 얼마 되지 않아 갑분이에게 이것저것 시키는 일이 잦아졌다. 어머니 대신 집안일을 도맡아 해내느라 갑분이는 요새 친구들과 노는 것은 꿈도 못 꾸는 처지다.

사실, 동생이 태어나기를 가장 기다린 사람은 갑분이였다. 동네 친구들은 모두 동생이 있는데 갑분이만 혼자였기 때문이다. 동생이 곧 태어날 거라는 소릴 들었을 때 얼마나 좋았는지 모른다. 하지만 지금은 생각이 달라졌다. 왜냐하면, 갓 태어난 동생의 기저귀 빨래가 고스란히 갑분이의 차지가 되었기 때문이다.

"또 기저귀 빨고 오라구요? 애기들은 왜 이렇게 먹는 족족 싼대요? 어휴, 또 개울물 길러 와야겠네."

갑분이는 자기 머리만 한 허벅을 챙기며 투덜거렸다.

무거운 허벅을 이고 집으로 돌아와서 빨래를 할 생각을 하니 시작하기도 전부터 진이 빠지는 느낌이었다.

그때 갑분이의 머릿속에 기발한 생각이 스쳐 지나갔다.

'가만…, 무겁게 개울물을 길러 올 것이 아니라 기저귀를 개울가에 가

서 빨면 힘이 덜 들지 않을까? 어차피 빨래하는 것은 똑같잖아. 내가 여태 왜 그 생각을 못했지?'

평소에 갑분이는 동생의 기저귀를 빨기 위해 개울물을 길러 집으로 돌아온 뒤, 빨래를 하고, 다 쓴 물은 집 옆에 있는 두엄 밭에 뿌렸다. 빨래를 한 번 하는데 총 세 단계를 거쳐야 하는 것이다. 그런데 개울가로 가서 기저귀를 빨면 일은 간단하다! 물을 머리에 이고 와야 하는 수고를 하지 않아도 되고, 다 쓴 물은 개울가 하류로 흘러가니 뒷처리도 말끔히 될 것이 아닌가!

갑분이는 큰 발견을 한 듯 무릎을 탁! 하고 쳤다.

'나중에 어머니께 이 방법을 알려 드려야겠다. 이런 쉬운 방법이 있었는데 왜 아무도 몰랐던 거지?'

갑분이는 가벼운 발걸음으로 빨랫감을 들고 개울가로 향했다. 개울가에 도착하자마자, 기저귀를 강물에 흠뻑 적셨다. 흘러가는 물에 똥 기저귀를 푹 담그니 속이 다 시원했다.

금세 기저귀가 깨끗해지는 것 같았다. 더러워진 물도 저 멀리 졸졸 흘러가니 너무 편했다. 게다가 빨래하는 시간까지 절약되어 가는 길에 달래를 만나 수다도 좀 떨었다.

'역시, 사람은 머리를 써야 돼.'

이틀 뒤, 갑분이는 같은 방법으로 개울가에서 기저귀를 빨았다. 갑분이의 머릿속에는 얼른 기저귀 빨래를 끝내고 달래와 놀아야겠다는 생각으로 가득했다.

그런데 낯익은 목소리가 들렸다.

"얘, 너 갑분이 아니냐? 여기서 무얼 하고 있는 게냐?"

"어, 할아버지 안녕하세요? 빨래하고 있어요. 얼마 전에 저희 어머니께서 동생을 낳으셨거든요. 아직 몸이 성치 않으셔서 제가 대신 기저귀를 빨아야 해요."

목소리의 주인공은 망태 할아버지였다. 망태 할아버지는 이 동네에서 가장 나이가 많은 어르신이다. 망태 할아버지라는 별명은 할아버지가 매일 어깨에 망태 주머니를 둘러매고 다니셔서 동네 아이들이 붙인 별명이다. 오늘도 어디서 무엇을 많이 주워 담으셨는지 망태가 불룩했다.

자신을 놀란 눈으로 쳐다보시는 할아버지를 빤히 쳐다보며 갑분이는 생각했다.

'이렇게 어린 나이에도 빨래까지 하고 있는 모습을 기특하다고 여기시는 게 분명해.'

갑순이는 더 열심히 빨래를 했다.

그런데 할아버지의 대답은 뜻밖이었다.

"어머니를 도와 기저귀를 빠는 것은 기특하다만, 기저귀를 냇가에서 빨면 큰일이 날 텐데."

"큰일이요?"

갑분이는 어리둥절했다.

"빨랫감은 잠시 치워 두고 이리로 와 보거라."

망태 할아버지께서는 갑분이에게 와 보라는 손짓을 해 보이셨다.

그러고는 어깨에 있던 망태를 바닥에 내려놓으며 주둥이를 풀어헤치셨다.

"이게 다 뭐예요?"

"응, 바로 저기 보이는 물챙이에서 건져온 것들이란다. 보름 전에 왔다가고 오늘 다시 와 본 거란다. 오늘은 이만큼만 주워도 땔감으로는 충분할 것 같구나."

"아, 저기 물챙이에 걸린 것들을 건져다가 땔감으로 쓰시는 거군요. 근데 이걸 왜 보여 주시는 거예요?"

"이 물챙이를 누가 만든 것 같으냐?"

망태 할아버지가 뜬금없는 질문을 하셨다.

"글쎄요? 꽤 예전에 만들어진 것 같긴 한데…."

갑분이는 잘 모르겠다는 듯 망태 할아버지를 한 번, 물챙이를 한 번 번갈아 보며 대답했다.

"나와 내 친구들이 한창 젊었을 때, 머리를 맞대어 만들었지."

"아! 할아버지가 만드신 거라구요? 근데 저 물챙이는 왜 만드신 거예요?"

"한번은 아랫마을과 개울물 때문에 싸움이 날 뻔했지. 비가 많이 와서 꺾인 나뭇가지며, 볏단이며, 온갖 것들이 불어난 개울물을 따라 아랫마을로 흘러내려가고 말았지 뭐야. 우리가 일부러 그런 것은 아니지만 아랫마을 사람들은 윗마을에서 개울물을 깨끗하게 관리해 주지 않는다고 크게 화가 났지. 그도 그럴 것이 아랫마을 사람들에게는 개울물이 마시고 씻는 물이기 때문에 아주 소중했거든. 우리에게 이 개울물이 소중한 것처럼 말이다. 그래서 마을 청년 몇 명이 대표로 사과를 하러 갔지. 그리고 그 자리에서 대책을 논의하게 되었어. 그렇게 생각해 낸 것이 바로 저

물챙이란다."

할아버지의 말씀을 들으니 물챙이가 새롭게 보였다. 그러다 갑분이는 개울가에서 기저귀를 빨면 큰일이 난다는 할아버지의 말을 되새겨 보았다.

"아! 할아버지, 그럼… 제가 기저귀를 여기서 빨게 되면…"

"그래, 아랫마을 사람들이 사용하게 될 물이 오염되는 것이니 큰일이라고 말한 거란다. 조금 귀찮고 번거로워도 기저귀를 빨 때에는 개울물을

길어다가 빨아야 한단다. 남은 물은 두엄 밭에 뿌려 주면 퇴비로도 쓸 수 있으니 일석이조이고 말이야."

갑분이는 이제까지 자신이 한 일이 떠올라 얼굴이 빨개졌다.

어쩔 줄 몰라 하는 갑분이를 바라보며 망태 할아버지는 인자하게 말씀하셨다.

"몰라서 그런 것이니 앞으로 바른 방법으로 하면 되지 않겠느냐."

"네, 조금 편하려고 그랬는데 아랫마을까지는 생각하지 못했어요."

갑분이는 몸이 편한 것보다는 마음이 편한 것이 훨씬 낫겠다는 생각을 했다. 그러면서 주변의 빨랫감을 주섬주섬 챙기기 시작했다.

"사람들은 알면서도 귀찮아 행하지 않는 경우가 많은데, 우리 갑분이는 배운 것을 바로 실천하는 아이로구나. 허허."

망태 할아버지는 웃으며 갑분이의 머리를 쓰다듬어 주셨다.

더 알아보아요

조상들의 지구 지키기
물을 지키는 조상들의 노력, 물챙이

조상들이 중요하게 여긴 자원, 물

우리 조상들은 물을 아주 중요하게 생각했어. 물을 맛과 빛깔, 맑기와 무게 등으로 구분하여 밥 짓는 데, 차 끓이는 데, 약 달이는 데, 식물을 키우는 데 등 용도에 따라 다르게 사용했지. 우리가 잘 알고 있는 조선의 유학자 율곡 이이 선생님께서는 물맛을 보고 무거운 물과 가벼운 물을 가리셨대. 그리고 가벼운 물은 덕을 헤친다 하여 무거운 물만 골라서 드셨다고 해. 이처럼 물에 예민한 감각과 판단 기준을 가졌다는 건 우리 조상들이 그만큼 물을 귀하게 여겼다는 뜻일 거야. 그리고 한 번 오염된 물을 원상태로 돌리는 데에 몇 배의 노력이 필요하다는 사실도 잘 알고 있어서 공동으로 사용하는 강물이나 우물물은 최대한 깨끗하게 사용하려고 노력했어.

냇가의 물을 깨끗하게 지켜 주던 물챙이

냇가에서는 기저귀를 빨지 않는다는 마을 사람들끼리의 약속과 강 상류에 설치된 '물챙이'도 물을 지키기 위한 노력 중 하나라고 할 수 있어. 아기 기저귀를 빨 때도 배설물로 강물이 오염되는 것을 막으려고 노력했어. 번거롭더라도 샘물을 퍼다가 빨고, 빨고 난 물은 텃밭이나 두엄터에 버리는 방식으로 말이야. 또한 윗마을에서는 강가에 '물챙이'라는 것을 설치했지.

강바닥에 나뭇가지나 꼬챙이를 발처럼 촘촘히 엮어 세워 놓으면 그것이 거름망 역할을 한단다. 물은 물챙이 사이로 흘러가고 오물이나 필요 없는 건더기들은 물챙이에 걸려. 그래서 아랫마을에서는 깨끗한 물을 사용할 수 있는 것이지. 물챙이에 걸리는 나뭇가지, 볏단과 같은 것들은 수거해서 햇볕에 잘 말린 다음 땔감으로 쓰기도 했어.

물을 지키려는 여러 가지 노력

이 밖에도 조상들은 장작이 타고 난 다음 남는 숯으로 물을 깨끗하게 만들기도 했어. 숯 안에는 미세한 구멍이 많이 뚫려 있어서 그 구멍들이 물

▼ 돌로 만든 물챙이

속의 오염 물질을 달라붙게 하는 역할을 한대. 그럼 물이 다시 깨끗해질 수 있다고 해.

  그리고 머리를 감을 때에는 창포라는 식물을 삶아서 그 물로 머리를 감았다고 해. 창포의 성분이 머릿결을 윤기 나게 해 주고 영양분을 공급해 주기 때문이지. 하지만 더 중요한 사실은 창포를 삶은 물이니 사용 후에도 수질 오염의 걱정이 없었다는 점이야.

  이처럼 우리 조상들은 다양한 방법으로 물을 깨끗하게 보전하려고 많은 노력을 기울였어.

더 알아보아요

우리들의 지구 지키기
물, 왜 지켜야 할까요?

순환하는 물이지만 아끼고 보존해야 하는 이유

지구의 약 70%는 물로 이루어져 있어. 지구본을 돌려 보면 파란색 바다 부분이 초록색 육지 부분보다 더 크다는 것을 알 수 있을 거야. 그런데 왜 사람들은 지구상에 물이 이렇게나 많은데, 자꾸만 절약하고 깨끗하게 사용하라고 하는 걸까?

그 이유는 사람이 먹을 수 있는 물이 담수*에 한정되기 때문이야. 보통의 바닷물은 그 안에 많은 미네랄과 염분이 포함되어 있어서 사람들이 먹기

에는 어려움이 있어. 반면 담수는 인간이 마시고, 농사짓고, 씻을 때 사용할 수 있는 생활 용수로 적합하지.

그런데 담수 중 3분의 2가 빙하 상태로 얼어 있어서 나머지 3분의 1만 쓸 수 있대. 그러니까 전 인류가 이 물을 나누어 써야 하는 상황이지. 그러니 자연스레 물 부족과 오염 방지에 대한 논의가 활발하게 이루어지고 있는 거겠지?

***담수** 염분이 거의 없어서 짜지 않은 물. 주로 호수와 강물을 말한다.

물의 자정 능력에는 한계가 있어요

다행히 물은 자정 능력이 있어서, 약간의 오염은 많은 양의 물로 희석하면 오염도를 줄일 수 있대. 하지만 요즘은 무분별한 개발과 중금속 및 기름 유출 등의 피해가 심해 물 자체의 자정 능력이 한계에 다달았지.

수자원공사의 발표에 따르면 우리가 싱크대에 버리는 간장 한 스푼을 깨끗하게 만드는 데에는 욕조 1.5개를 가득 채울 만큼의 물이 필요하대. 우유 500mL를 깨끗하게 만드는 데에는 욕조 20개를 가득 채울 만큼의 물이 필요하고 말이야. 기름과 중금속이라면 필요한 물의 양이 어마어마하게 늘어나겠지?

3월 22일, 세계 물의 날

우리는 수도꼭지를 틀기만 하면 물이 콸콸 나오는 편리한 시대에 살고 있지만 이 당연한 행복이 언제까지 계속될 수 있을지는 아무도 몰라. 국제연합(UN)에서는 전 세계적으로 마실 물이 부족해지는 위기를 감지하고 1993년부터 매년 3월 22일을 '세계 물의 날'로 선포했어.

국제연합환경계획의 연구에 따르면 2025년에는 기후변화 때문에 절반 이상의 국가가 물 부족에 시달릴 수 있대. 이 예측이 맞다면 물 부족은 더 이상 남의 나라 이야기가 아니야. 더 늦기 전에 생활 속에서 물을 아끼고 깨끗하게 보전할 수 있는 방법을 찾아 실천하는 자세가 필요해.

더 알아보아요

모두의 지구 지키기 스웨덴 편
스웨덴 국민들은 수돗물을 마셔요!

스웨덴에 가 보면 우리나라에서 흔히 볼 수 있는 정수기나 생수통이 보이지 않아서 놀라는 유학생들이 많대. 어떤 유학생이 스웨덴 기숙사에서 너무 목이 말라 기숙사 관리인에게 '어디서 물을 받아 마실 수 있느냐?'고 물었대. 그러자 관리인이 '화장실 세면대에서 받아 마시라'는 말을 해서 당황했다고 해. 그런데 실제로 스웨덴 국민들은 컵에 수돗물을 받아서 먹는 것에 아무런 거리낌이 없다고 해. 오히려 그들은 자신들의 수질 관리 시스템에 자긍심을 가지고 있기 때문에 플라스틱 병에 든 생수를 사서 먹는 사람들을 더 이상한 눈으로 본다고 해. 왜냐하면 꼭 필요하지도 않은 플라스틱을 구입하면서까지 환경을 오염시키냐는 거지. 우리나라와는 참 다른 풍경이지?

하지만 과거 스웨덴은 지금처럼 깨끗한 수돗물을 공급하는 나라가 아니었어. 오히려 국민들의 수질 오염에 대한 인식이 부족했고 정부의 관리 정책이 부실하여 수질 오염 문제가 심각했대. 하지만 심각성을 깨닫고 1969년에 환경법을 제

◀ 스웨덴 스톡홀름의 야외 식수 표지판

정해서 수질 오염을 방지하는 철저한 정책을 세웠어.

 현재 스웨덴에서는 농업, 공업 용수와 마실 물을 구분하여 관리하고 있어. 지하에서 지하수를 끌어올린 뒤, 가정으로 공급하는 사이에 정화 과정을 여러 단계 거친다고 해. 깨끗하고 투명한 정화 시스템 덕분에 스웨덴 국민들은 수돗물이 맛있다는 표현을 하기 시작했고, 어딜 가든 텀블러 하나만 있으면 목마름을 해결할 수 있는 복지를 누리게 되었지.

▲스웨덴 스톡홀름에 있는 카팔라 폐수 처리장

이런 것도 있어요
우리나라 수돗물의 다양한 이름

우리나라는 지역마다 수돗물의 이름이 달라. 각 지역의 문화나 역사를 담아 수돗물에도 특색 있는 이름을 붙여 주었지.

서울 수돗물의 이름은 '아리수'야. '크다'라는 순우리말 '아리'와 물을 뜻하는 한자 '수(水)'가 합쳐져서 만들어진 이름이지. 고구려 때 한강을 일컫는 이름이기도 했어.

인천 수돗물의 이름은 '인천 하늘수'야. '하늘이 내려준 깨끗한 물'이라는 뜻으로 인천 시민들이 직접 지은 이름이라 더 뜻깊지.

대전 수돗물의 이름은 'It's 수'래. 이름도 이름이지만 대전 수돗물은 2021년 환경부가 실시한 수돗물 만족도 조사에서 1위를 차지하는 영광을 얻었어. 그만큼 시민들의 신뢰를 얻고 있다는 뜻이겠지.

이 밖에도 대구는 '청라수', 부산은 '순수365', 광주는 '빛여울 수' 등 지역별로 이름이 다양해.

셋

조상들의 업사이클링, 조선 최고의 침선장이 될 테야!

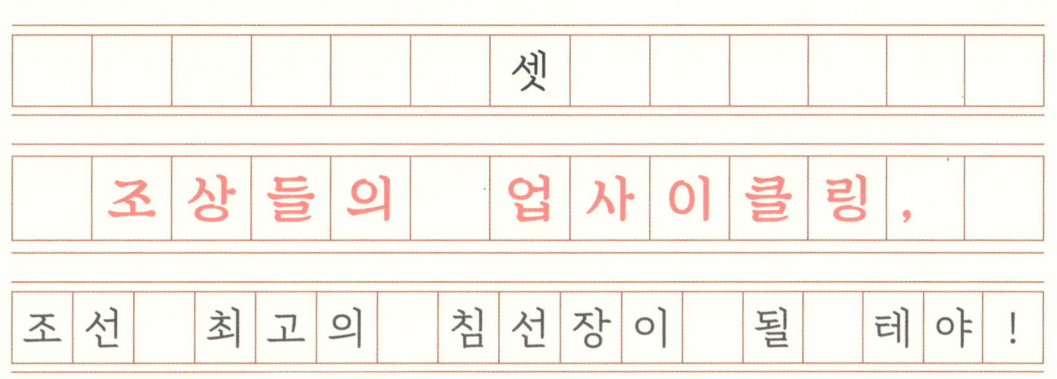

얼마 후면 조선 최고의 침선비를 가리는 경연이 있는 날이다. 용분이는 임금님과 중전마마의 옷을 직접 재단하고 만드는 어침장 나으리처럼 멋진 침선장이 되는 것이 꿈이다. 이번 경연에서 그동안 갈고닦은 실력을 내보일 수 있다면 그 꿈에 한발 더 가까이 다가갈 수 있다는 생각에 용분이의 가슴이 두근거렸다.

열 살 때 궁궐 나인으로 들어와 손재주가 야무지고 꼼꼼하다는 평을 듣고 상궁어른을 따라 들어온 곳이 이곳 상의원이다. 상의원에 들어온 이후 용분이의 손이 성할 날이 없었다. 매일 매일 바느질을 하며 침선장 어른의 혹독한 훈련을 견뎌내야 했기 때문이다.

어느 날 함께 궁으로 들어온 금영이가 바느질을 하다 실수로 중전 마마의 옷감을 헤치는 실수를 하고 말았다. 그 일로 금영이는 침선장 어른의 호된 질타를 받았고, 며칠 동안 직물장의 허드렛일을 도맡아해야 했다. 그 뒤로는 용분이도 바느질을 할 때 더욱더 긴장의 끈을 놓을 수 없었다. 행여 이 손끝으로 실수를 범해 귀한 옷감이 상하기라도 한다면…. 생각만 해도 아찔했다.

용분이가 어린 나이에 궁으로 들어오게 된 것은 집안 형편이 갑작스럽게 어려워졌기 때문이다. 어머니께서는 한사코 용분이가 궁에 들어가는 것을 반대하셨지만, 아버지께서는 궁에 들어가야 용분이가 먹고사는 게 더 편해진다는 말로 어머니를 설득하셨다.

　용분이는 바늘에 찔려 성한 곳이 없는 자신의 손을 볼 때마다 옷 만드는 일을 그만두고 싶었다. 당장이라도 부모님이 계신 집으로 뛰어가고 싶은 마음이 들 때가 한두 번이 아니었다. 하지만 오색 천을 꿰어 화사한 옷이 완성되고 나면 이상하게도 그런 마음이 온데간데없이 사라졌다. 오히려 그 아름다움에 벅차올라 숨을 크게 휴~ 하고 내쉬어야 할 정도였다. 그 맛에 힘든 일을 버티는 것 같았다.

　드디어 경연 날, 아침이 되었다.

　용분이를 포함한 몇몇 침선비들이 숨죽여 오늘의 주제를 기다리고 있었다.

　어침장 나으리께서 오늘 경연 주제를 쩌렁쩌렁한 목소리로 발표했다.

　"오늘 경연의 주제는 '새롭게 다시 태어나라!'다. 경연의 시각은 지금부터 유시(오후 5~7시)경 북이 울리기 전까지다. 모두 갈고닦은 실력을 펼쳐 최고의 작품을 만들어 낼 수 있도록 하라."

　용분이는 혼란스러웠다.

　'새롭게 다시 태어나라고?'

　주변에 앉아 있는 다른 침선비들도 혼란스러워하기는 마찬가지였다. 왜

냐하면 당연히 아름다운 색이나 형태가 경연 주제일 것이라 예상했기 때문이다. 그런데 새롭게 다시 태어나라고?

용분이는 경연 주제를 읽고 또 읽었다. 그러다 '다시'라는 말에 시선을 멈추고 생각했다.

'다시 태어난다는 것은 기존의 것이 다하여 새로운 것이 시작된다는 뜻이 아닌가? 그렇다면 기존의 것은 무엇이고 새로운 것은 또 무엇이란 말인가?'

상의원은 궁궐의 예복을 만드는 곳이기 때문에 늘 화려하고 새로운 옷이 탄생하는 곳이었다. 그래서 옷을 다시 사용한다는 것에 대해서는 한 번도 생각해 보지 않았던 것이다. 상의원은 늘 '새롭게 태어나는 곳'이었지 '새롭게 다시 태어나는 곳'은 아니었다.

'아, 도무지 생각이 나질 않아. 어머니라면 이 상황에서 어떻게 하셨을까?'

용분이는 어려운 상황이 닥치면 매번 어머니가 떠올랐다.

"용분아, 진인사대천명이랬어. 스스로 노력하는 사람은 하늘이 돕는단다."

어머니께서는 가난한 살림살이에도 늘 웃음을 잃지 않으셨다. 아버지 혼자로는 세 식구 입에 풀칠하기가 어려워 어머니께서는 여기저기서 바느질거리를 얻어다 품삯을 받았다. 늦은 밤까지 바느질을 하느라 어머니 눈은 언제나 토끼눈처럼 빨갰다. 졸린 눈을 비비면서도 옷을 만들다 남은 자투리 천은 늘 살뜰히 한곳에 모아두셨다.

"어머니, 이 자투리 천은 왜 모아두시는 거예요?"

"응, 다 쓸데가 있단다. 지금은 보잘 것 없어 보이지만 이렇게 잘 모아두면 나중에 쓸 일이 있지."

어머니께서는 그 자투리 천을 이어서 예쁜 복주머니를 만들어 주시기도 하셨다. 용분이에게는 비단 천으로 만든 것보다 자투리 천으로 이어 만든 주머니가 더 예뻐 보였다. 매일매일 차고 다니며 친구들에게 자랑했던 기억이 떠올랐다.

"바로 그거야!"

어머니와의 추억을 떠올리던 용분이는 무언가 생각이 난 듯 무릎을 쳤다. 그러고는 얼른 상의원 직물장으로 달려가 예복을 만들고 남은 자투리 천을 모으기 시작했다. 경연장으로 돌아와서는 그 자투리 천들을 색감과 모양이 어울리게 배치하였고 감침질로 야무지게 마무리하였다.

어느새 해가 뉘엿뉘엿 지고, 경연의 끝을 알리는 북소리가 우렁차게 울렸다.

이번 경연에는 특별히 중전마마와 최고상궁까지 심사에 참여하신다고 하니 더욱 긴장이 되었다. 심사를 맡은 중전마마와 최고상궁, 어침장 나으리는 한 작품 한 작품 천천히 돌아보며 경연에 참여한 침선비들에게 작품에 담긴 뜻을 물었다.

용분이의 차례가 되었다.

"이것은 무엇을 만든 것이냐?"

"조각보를 만든 것이옵니다."

"조각보?"

"조각보가 어째서 오늘의 경연 주제인 '새롭게 다시 태어나는 것'과 관계가 있는 것이냐?"

"어렸을 적에 제 어머니는 천 조각 하나도 귀한 살림살이로 여겨 허투루 버리지 않고 모아두셨습니다. 그리고 이렇게 조각들을 엮어 보자기를 만드셨지요. 어머니께서는 이 조각보로 밥상을 덮기도 하셨고, 제가 궁에 들어올 때 제 옷가지를 싸 주시기도 하셨습니다. 생긴 것은 단순하지만 여기저기 사용되지 않는 곳이 없사옵니다. 그래서 저는 버려질 뻔한 자투리 천 조각에 초점을 맞춰 보았습니다. 버려지는 것들에 다시 생명을 불어넣어 조각보로 탄생시키는 것이 오늘의 경연 주제와 어울린다고 생각했기 때문입니다."

용분이의 설명을 듣던 중전마마가 고개를 끄덕이며 물었다.

"모양과 색깔을 서로 다르게 한 이유가 있느냐?"

"자투리천들이 모두 각이 진 모양이기는 하오나 크기를 다르게 하면 율동감을 불어넣어 줍니다. 또한 비슷한 색 사이에 눈에 띄는 색을 배치

하면 과하지 않은 화려함을 표현할 수 있지요. 생활에 필요한 물건이지만 품위 있는 아름다움으로 삶을 가꾸어 나가는 백성들의 지혜를 담아 보고자 했습니다."

"오! 그럴 듯하구나."

중전마마와 최고상궁 그리고 어침장 나으리는 경연장을 다 둘러보고 나서 얼마간의 대화를 나누었다.

"오늘 경연의 우승자는!"

드디어 길고 길었던 경연의 결과가 발표되는 순간이다.

"오늘 경연의 주제를 가장 잘 살리고 우리 조선 백성의 절약 정신과 아름다움의 정수를 표현해 준 강용분이다!"

용분이는 자신의 이름이 불린 것이 믿겨지지 않았다. 친구들이 다가와 용분이를 안아 주며 축하 인사를 해 주었다.

"강용분을 상의원의 부침장으로 명하노라. 앞으로 어침장과 함께 상의원을 잘 이끌도록 하라. 오늘의 마음을 잊지 말고 예복을 만들 때 조선의 왕실과 백성이 함께할 수 있는 상의원의 정신을 이어 나가도록 노력하라."

용분이는 오늘의 결심을 잊지 않겠다고 몇 번이고 다짐했다.

더 알아보아요

조상들의 지구 지키기
쓰고 남은 자투리 천도 다시 보자

자투리 천이 예술품으로, 조각보의 아름다움

조상들이 살던 시대에는 옷을 만들던 천이 매우 귀했어. 그래서 왕실을 제외한 일반 서민들은 옷을 만들고 남은 자투리 천들을 버리지 않고 잘 모아두었지. 자투리 천들이 어느 정도 모이면 네모난 형태로 조각을 내었어.

▲ 비단으로 만든 조각보

▲ 자투리 천 조각으로 만든 풍경

그런 다음 손바느질로 감침질을 하여 촘촘히 엮었지. 바느질 선을 그대로 드러내는 감침질이 조각보의 아름다움을 한층 높여 주었단다. 이렇게 완성된 조각보는 매우 아름다워서 귀한 사람에게 보내는 물건을 쌀 때 쓰이기도 했어. 또 빈 공간을 장식하거나 발 대신 문간에 걸어놓는 용도로도 사용되었지.

아껴 쓰고 다시 쓰는 조상들의 지혜

버려질 것들을 이용하여 새로운 물건으로 재탄생시켰던 조상들의 지혜는 이것뿐만이 아니야. 갓난아기가 태어나면 처음 입히는 옷을 배냇저고리라고 하는데, 조상들은 이 옷을 만들 때도 어른이 입던 옷을 재활용했단다. '집안 어른이 입었던 옷으로 배냇저고리를 만들어 입혀야 아기가 오래 산다.'는 격언도 있어.

더 알아보아요

우리들의 지구 지키기
무궁무진한 업사이클링

업사이클링이 뭐야?

용분이는 쓰고 남은 천으로 아름다운 조각보를 완성했어. 용분이처럼 버려질 것을 새로운 물건으로 재탄생시키는 것을 '업사이클링(upcycling, 새활용)'이라고 해.

업사이클링은 물건을 조금 더 오래 쓰거나 비슷하게 다시 만들어 쓰는 '재활용'보다는 좀 더 발전된 개념이야. 버려질 것에 새로운 아이디어와 디자인을 더해 처음과는 전혀 다른 제품으로 재탄생시키기 때문이지.

59

▲ 계란판으로 만드는 화분

생활에서 만날 수 있는 업사이클링

업사이클링은 현재 우리나라 곳곳에서 '버려지는 것들'의 무한 변신을 이끌어 내고 있어. 음식물 쓰레기를 모아 지렁이 사료로 이용하기도 하고, 식품 제조 공정에서 발생하는 과자 부스러기를 가공하여 에너지 바나 간편식 등을 만들기도 하지. 또 선거철이 지나고 길거리에 남은 폐현수막을 수거하여 가방을 만들기도 해. 현수막 대부분이 폴리에스테르나 면으로 만들어져 있어서 에코백이나 장바구니로 만들기에 딱이야.

생활에서 업사이클링을 실천해야 하는 이유

우리는 왜 업사이클링에 관심을 가져야 하는 걸까? 새것이 더 예쁘고 깨끗해서 더 좋을 것 같은데 말이야. 하지만 너도나도 새 물건만 찾고, 폐기되는 쓰레기를 나 몰라라 한다면 하나밖에 없는 지구는 금방 쓰레기로 가득 찰지도 몰라. 우리나라에서는 2018년에 쓰레기 대란이 일어나기도 했어. 중국이 더 이상 한국을 포함한 강대국의 폐기물을 수입하지 않겠다고 선언했기 때문이지. 그 전까지 우리나라를 포함한 몇몇 강대국은 중국에 자국의 처치 곤란 쓰레기를 싼 값에 팔아 나라의 쓰레기를 관리하고 있었던 거야. 만약, 우리가 다시 방심하고 자원을 낭비하면 언제든 쓰레기 대란이 되풀이될 수 있어. 우리 모두 쓰레기를 최대한 줄이고 다시 사용하는 지혜를 모아야만 해.

이런 직업도 있어요

업사이클링 전문가

　업사이클링 전문가라는 직업은 조금 생소하지? 누구나 생활 속에서 업사이클링을 실천할 수 있지만 업사이클링 전문가는 그 과정을 좀 더 과학적이고 예술적으로 변화시키는 전문성을 지닌 사람이야. 버려진 자원의 가치를 알아보고, 새로운 디자인을 고안하여 세상에 하나 밖에 없는 제품으로 탄생시키는 일을 하는 사람이지. 업사이클링 전문가들은 일반 시민들에게 업사이클링을 홍보하거나 그 방법을 알려 주고, 기업에서 생산되는 폐기물을 줄일 수 있도록 적절한 프로그램을 짜 주기도 해. 업사이클링 전문가 중에서도 소재 전문가, 가공 전문가, 디자인 전문가 등으로 그 범위도 매우 넓다고 하니 관심이 있다면 집중!

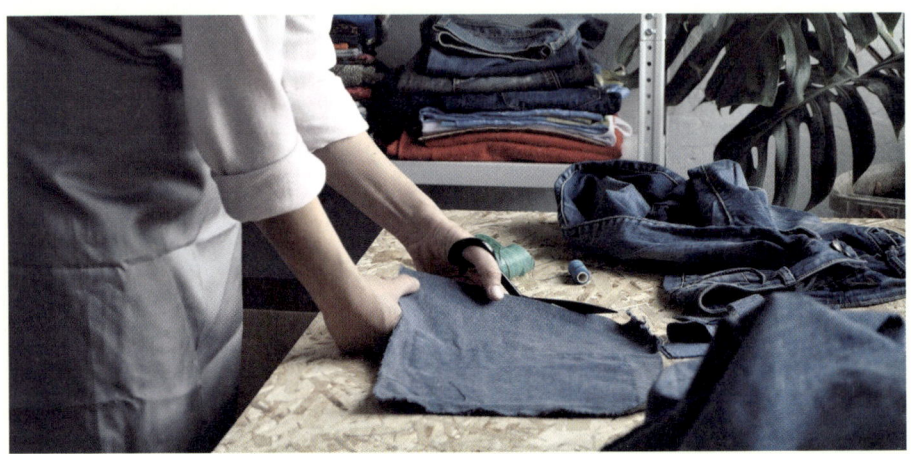

더 알아보아요

모두의 지구 지키기 스위스 편
트럭 방수포가 가방으로! 프라이탁의 특별한 가방을 소개합니다

스위스에 '프라이탁'이라는 가방 회사가 있어. 이 회사는 가방을 트럭 방수포로 만들어 유명해졌어. 어떻게 트럭 방수포로 가방을 만들 생각을 했을까?

마르쿠스 프라이탁, 다니엘 프라이탁 형제는 1993년에 가방 회사를 만들었어. 두 형제는 모두 디자이너였고, 멋진 아이디어를 얻기 위해 매일같이 자전거를 타고 취리히 시내를 누비곤 했지. 물론 아이디어가 떠오르면

▲ 취리히에 있는 프라이탁 타워

얼른 스케치할 연필과 작은 스케치북 그리고 그것들을 다 넣을 수 있는 커다란 메신저 백은 늘 그들과 한몸이었어. 그런데 그들이 살고 있는 취리히

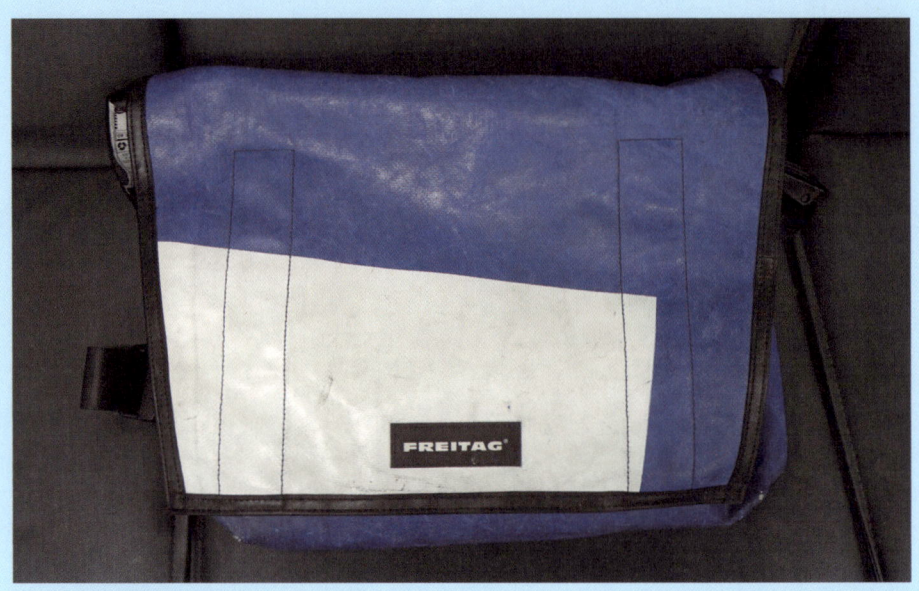
▲ 프라이탁 메신저백

는 3일에 한 번 꼴로 비가 오는 도시였지. 그래서인지 자전거로 돌아다닐 때마다 스케치북이 담긴 메신저 백이 흠뻑 젖기 일쑤였어.

　비가 오던 어느 날, 두 형제는 자전거로 밖에 나가는 것을 포기하고 아파트 창문을 통해 비가 오는 모습만 쳐다보고 있었지. 비 오는 도로에는 짐을 실은 트럭이 지나가고 있었어. 형제는 트럭 안에 있는 물건들이 비가 오는데도 젖지 않는다는 사실에 주목했어. 그리고 물건들을 덮고 있는 방수포가 메신저 백을 만들기에 딱 좋은 소재라는 것을 금세 알아차렸고 말이야. 물론 그 이유는 물건 위에 덮어 놓은 방수포 때문이었어.

그날 본 트럭의 방수포는 오늘의 프라이탁 'F13 TOP CAT'의 원형이 되었어. 그렇게 시작된 프라이탁 가방은 신문 배달부와 우체부 사이에 입소문이 나면서 알려지기 시작했어.

두 사람은 버려진 천막, 자동차 방수포 등을 더 모아 다양한 디자인의 가방을 추가로 만들기 시작했지. 재료의 특성상 하나하나 사람의 손으로 만들어야 했기 때문에 같은 디자인이 하나도 없었어. 사람들은 이러한 독특함에 열광했지. 하나밖에 없는 디자인과 친환경적인 아이디어에 뜻을 같이하는 사람들이 점점 늘어났어. 여기에 가방이 튼튼하다는 장점까지 더해지면서 프라이탁은 현재 업사이클링을 대표하는 기업으로 손꼽히고 있어.

▲ 프라이탁 매장

넷

조상들의 친환경 소재,
만능 짚풀, 너 정체가 뭐야?

오늘은 길상이네 논에서 벼 타작이 있는 날이다. 할아버지, 아버지께서 아침부터 타작 준비에 분주하다. 오늘은 길상이도 일손을 보태기로 한 날이라 놀 생각은 일찌감치 접었다.

아침 일찍 도착한 논에는 며칠 전 베어 놓은 볏단들이 가지런하게 묶여 있었다. 가을볕에 잘 마른 볏단들이 황금빛으로 빛나고 있었다.

아버지께서 홀태로 벼 이삭을 훑기 시작하셨다. 벼 이삭을 힘껏 훑을 때마다 알갱이들이 우수수 떨어지는 소리가 마치 빗방울이 후두둑 떨어지는 소리 같았다. 할아버지와 길상이는 아버지가 벼 이삭을 훑으면 떨어지는 알갱이들을 모아 가마니에 담았다. 힘은 들었지만 가마니의 배가 불룩해질수록 길상이의 마음도 두둑해졌다. 한참 동안 군말 없이 일을 하다 보니 어느새 끝이 보였다.

"우리 길상이가 도와주니 일이 훨씬 수월하구나."

길상이는 아버지의 칭찬에 어깨가 으쓱해졌다. 일을 거의 다 해치웠다는 생각에 허리를 펴고 하늘을 올려다보았다. 어느새 해가 산 중턱을 넘어가고 있었다.

그런데 그때 할아버지께서 말씀하셨다.

"탈곡이 끝났으니, 이제 볏짚을 잘 다듬어 헛간으로 옮기는 일을 해야

겠구나."

길상이는 볏짚을 다듬어야 한다는 말에 놀라 할아버지께 되물었다.

"할아버지, 남은 볏짚들은 모아서 뭐에다 쓰시게요?"

"다 쓸데가 있느니라. 하늘을 보아 하니, 오늘 저녁에 비가 올 것 같구나. 볏짚들이 비를 맞으면 큰일이니 그전에 잘 챙겨 가야 하느니라."

길상이는 도통 할아버지의 말을 이해할 수 없었다. 한 해 동안 먹을 쌀을 가마니에 가득 담아 놓았는데, 남은 줄기들을 뭐하러 헛간으로 옮기라고 하시는 건지…. 길상이는 울상을 지으며 할아버지께 코맹맹이 소리를 냈다.

"할아버지! 쓰레기는 그냥 대충 정리해 두고 가요. 어차피 버릴 건데 비 좀 맞으면 어때요. 오늘은 이만큼만 하고 그냥 가서 쉬어요. 네?"

하지만 할아버지께서는 오히려 그런 길상이를 혼내시며 말씀하셨다.

"쓰레기라니? 이게 얼마나 쓸 데가 많은데! 꾀부리지 말고 해지기 전에 어서 볏짚들을 헛간으로 옮기거라."

길상이는 할아버지의 꾸지람에 속이 상해 입만 삐죽 내밀었다.

"치, 할아버지는 고집불통이야. 힘든데 필요 없는 일이나 시키고 말이야!"

결국 해가 지고 어둑해질 무렵이 다 되어서야 볏짚 옮기는 작업이 끝이 났다.

다음 날 아침, 길상이는 어제 놀지 못한 것까지 실컷 놀 심산으로 아침부터 부산을 떨었다.

나갈 채비를 마친 길상이가 신을 신으려고 하는데 댓돌 위에 가지런히 놓여 있는 새 짚신이 눈에 들어왔다.

"어? 어머니께서 내 짚신이 다 낡은 걸 알고 장터에서 사오셨나?"

길상이는 얼른 새 짚신을 신어 보았다. 짚신이 발에 꼭 맞아 맘에 들었다. 모양도 그럴 듯했다. 놀러가겠다는 생각도 잊고 새 짚신에 신이 난 길상이는 마당을 껑충껑충 뛰어다녔다. 마당에서 나는 소리에 방문을 연 할아버지께서는 길상이를 흐뭇하게 바라보며 물으셨다.

"새 짚신이 마음에 드느냐? 네 짚신이 좀 낡은 것 같아 이 할아비가 솜씨 좀 부려 봤다."

할아버지의 말씀을 듣고 길상이는 깜짝 놀랐다.

"할아버지께서 이 짚신을 만드셨다구요?"

"그럼, 어제 길상이가 열심히 날라 준 볏짚을 엮어서 만든 짚신이지. 참, 그 헌 짚신짝은 저기 두엄 더미에 던져 두거라. 잘 썩혀서 비료로 쓰면 그만이다."

길상이는 가만히 서서 짚신을 내려다보았다. 색깔이 황금색이고 여러 겹의 줄기가 얽혀 있는 것으로 보아 어제 자신이 옮겨놓은 볏짚이 확실한 것 같기는 했다. 어제 투덜거리며 볏짚을 옮길 때만 해도 그것이 이렇게 멋진 짚신으로 탈바꿈할 줄은 꿈에도 몰랐다. 그제서야 길상이는 어제 할아버지께서 왜 남은 볏짚을 함부로 버리지 못하게 하셨는지 그 이유를 알 것 같았다. 할아버지께 투덜댔던 자신이 조금 부끄러웠다.

'아! 맞아. 친구들이랑 모여서 놀기로 했지. 늦었다!'

새 짚신에 정신이 팔려 잠시 약속을 까먹고 있었던 길상이는 얼른 친구들이 모여 있는 언덕배기로 달려갔다. 역시나 친구들이 많이 모여 있었다. 길상이도 얼른 친구들 틈에 끼었다.

"이게 얼마 만에 해보는 공놀이냐?"

"응, 얼마 전에 할아버지 환갑잔치가 있었는데, 그때 돼지 한 마리를 잡았어. 내가 아버지께 졸라서 돼지 오줌보는 나한테 꼭 달라고 했지."

태상이가 어깨를 펴며 자랑스럽게 말했다.

"그럼, 이제 시작하자."

경기가 시작되자 모두 정신없이 공을 쫓아 달리고 또 달렸다.

"야, 길상아! 여기로 공을 보내!"

길상이는 태상이의 신호를 받고 있는 힘껏 공을 찼다.

"퍽!"

아뿔사! 힘 조절을 잘못했는지 길상이의 발끝에서 돼지 오줌보가 터져 버렸다.

"으! 지린내!"

주변에 있던 아이들이 모두 코를 틀어막았다. 돼지 오줌보가 터지면서 고약한 냄새가 진동했다. 공의 주인인 태상이는 울음이 터질 듯한 얼굴로 길상이를 째려보았다. 공이 터지면서 경기는 끝이 나 버렸다. 아이들은 뿔뿔이 흩어져 각자 집으로 돌아갔다. 길상이가 태상이에게 미안하다고 했지만 태상이는 들은 척도 하지 않고 집으로 가 버렸다.

길상이는 속이 상해 괜한 돌부리를 발로 차며 집으로 돌아왔다.

어깨가 축 처져서 집으로 돌아온 길상이를 보고 할아버지가 걱정스럽게 물으셨다.

"우리, 길상이, 무슨 일이 있는 게냐? 물에 젖은 빨래처럼 왜 이리 축 처졌누?"

길상이는 오전에 친구들과 있었던 일을 털어놓았다. 할아버지께서는 길상이의 말을 다 들어보시고는 헛간에 있던 볏짚 한더미를 가져오셨다. 그러고는 길상이 앞에서 짚을 꼬기 시작하셨다.

"아이 참, 할아버지. 제 말은 들으신 거예요? 저는 이렇게 속상한데, 할아버지는 짚만 만지고 계실 거예요?"

"참, 녀석도. 성격도 급하지. 잘 보거라. 이 할아비가 금방 공을 만들어 줄 테니."

"짚으로 공을 만들 수 있어요?"

할아버지께서는 새끼를 꼬며 말씀하셨다.

"길상아, 이 짚이 별거 아닌 것 같아 보여도 참 유용한 재료란다. 산과 들에서 쉽게 구할 수 있고, 새끼를 꼬는 방법만 잘 익히면 누구나 자신이 원하는 모양의 물건을 만들 수 있지."

"제 눈에는 그냥 벼 이삭을 털어내고 남은 쓰레기로만 보였는데요?"

"그럴 수도 있지. 그런데 무엇이든 쓰기 나름이란다. 짚이 생활 곳곳에 안 쓰이는 곳이 없지 않느냐. 이 할아비가 오랜 세월 짚으로 물건을 만들다 보니, 짚이 습기에도 강하고, 세로와 가로로 엮으면 그 강도도 단단해진다는 것을 알게 되었지. 뿐만 아니라 짚으로 만든 바구니에 음식을 넣으면 잘 상하지 않는다는 점도 발견했고 말이야. 무엇보다 가장 큰 장점은 크든 작든 짚으로 만든 것들은 다 쓰고 그저 두엄 더미에 던져 놓으면 그대로 거름이 되어 다시 흙으로 흔적도 없이 사라진다는 점일 게다. 자연은 물론 아무에게도 해를 끼치지 않는 착한 재료라고 할 수 있지."

그사이, 할아버지께서는 단단하게 짠 새끼줄로 둥근 모양을 만들고 그 안에 헐렁하게 짠 새끼줄을 밀어넣어 둥근 모양의 짚 공을 완성하셨다.

"자, 이제 다 되었다. 한 번 차 보거라."

길상이는 할아버지가 만들어 준 짚 공을 힘차게 차 보았다. 돼지 오줌보만큼이나 탄성이 있어서 노는 재미가 있었다.

"와! 할아버지, 짚 공이 제법 잘 굴러가는데요?"

"허허, 녀석. 이 할아비 말을 못 믿었던 게로구나. 이래봬도 짚으로 못 만드는 게 없단다."

"정말이요?"

"그럼, 짚은 우리 집 지붕이 되어 주기도 하지. 해마다 이엉을 엮어 지붕 위에 얹어 두면 지붕 역할을 얼마나 잘 해내는지 모른단다. 게다가 짚으로 새끼줄을 꼬아 메주를 묶어 두면 아주 잘 익어. 메주를 발효시켜 주는 균이 짚을 아주 좋아하기 때문이야."

할아버지의 설명을 듣고 나니 헛간 한 켠에 쌓여 있는 볏짚 더미가 새삼 새롭게 보였다. 길상이에게 이것저것 설명해 주시며 새끼를 꼬는 할아버지의 손놀림도 오늘따라 더욱 노련하게 보였다.

더 알아보아요

조상들의 지구 지키기
조상들의 친환경 소재, 짚

조상들의 친환경 만능 소재, 짚

우리 조상들은 생활에서 필요한 물건들을 어떤 재료로 만들었을까?

쌀을 주식으로 하는 우리나라에서는 추수가 끝나고 난 후 남아 있는 벼의 줄기를 사용하여 다양한 생활용품을 만들었어. 벼가 아니더라도 보리, 밀, 조를 탈곡하고 난 다음 남은 줄기를 모두 짚이라고 하지. 우리 조상들은 이런 짚이나 들에서 나는 풀을 엮어 생활용품을 만들어서 썼어.

짚은 길고 가늘어서 엮고 꼬기가 쉬워. 이렇게 엮고 꼬는 방식이 기본이 되는 짚공예는 정성과 인내만 있다면 누구든지 원하는 물건을 만들어 낼 수 있지.

짚으로 만든 주방용품은 공기가 잘 통해 음식을 보관해도 잘 상하지 않아. 또, 짚의 표면은 빗물에 잘 젖지 않아서 지금의 우비 역할을 하는 '도롱이'를 만드는 데도 제격이었다고 해.

최근에는 짚에 습기를 제거하고 공기를 정화하는 기능이 있다는 점을 활용하여 휴대전화 줄, 인테리어 소품 등을 만들어 팔기도 해.

제로 웨이스트의 실천, 짚공예

짚으로 만들어진 생활용품은 다 쓰고 난 뒤에도 찌꺼기를 남기지 않아. 다 쓴 짚공예품을 두엄 밭에 뿌리거나 소에게 여물로 주었기 때문이지. 이처럼 조상들은 요즘 우리가 외치고 있는 '제로 웨이스트(쓰레기 없는 삶)'를 이미 실천하고 있었어. 여기저기서 쓰레기 대란으로 시끄러운 요즘, 우리가 찾고 있는 친환경 소재에 대한 답은 어쩌면 이미 나와 있는지도 몰라.

이런 것도 있어요

또 다른 친환경 소재, 대나무

우리 조상들은 짚 외에도 다양한 친환경 소재를 이용하여 생활용품을 만들었어. 대나무도 그중 하나야. 대나무는 주변에서 구하기도 쉽고, 다 써서 버려도 6개월~2년 사이면 땅 속에서 완전 분해되기 때문에 훌륭한 친환경 소재라고 할 수 있지.

대나무로 만든 생활용품 중에 가장 최고로 쳐 주는 공예품은 '채상'이야. '채상'은 대나무를 얇게 저며서 색색으로 물을 들이고 여러 가지 무늬로 짜서 만든 상자를 말해. 이런 채상을 전문적으로 만드는 사람을 '채상장'이라고 하지. 채상은 만드는 과정에 많은 정성이 들어가기 때문에 주로 귀족들이 많이 썼어. 하지만 조선 후기로 갈수록 채상의 아름다움과 실용성이 널리 알려져 서민 사이에도 유행이 번졌다고 해. 그만큼 여인네들의 마음에 쏙 들 정도로 아름답고 섬세한 공예품 중 하나였던 거지.

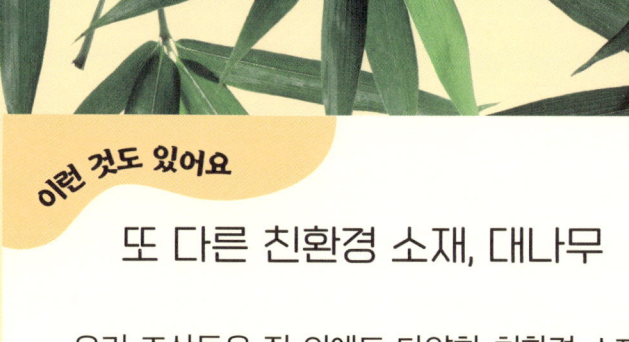

> 더 알아보아요

우리들의 지구 지키기
친환경 소재, 왜 사용해야 할까요?

현대의 만능 소재, 플라스틱

우리 일상에서 플라스틱을 빼면 어떤 모습일까? 집안 곳곳 플라스틱이 사용되지 않는 곳이 없다고 해도 과언이 아닐 만큼 우리는 이미 플라스틱과는 떼려야 뗄 수 없는 사이가 되어 버렸어. 우리 생활에 플라스틱이 이렇게 가득한 이유는 플라스틱의 여러 장점 때문이야.

일단 플라스틱은 가벼우면서도 물에 젖지 않아. 그리고 원하는 모양으로 만들기도 쉽지. 게다가 가격도 다른 소재에 비해 아주 저렴한 편이야. 그래서 처음 플라스틱이 등장했을 때에는 신이 내린 선물이라고 불리기까지 했어.

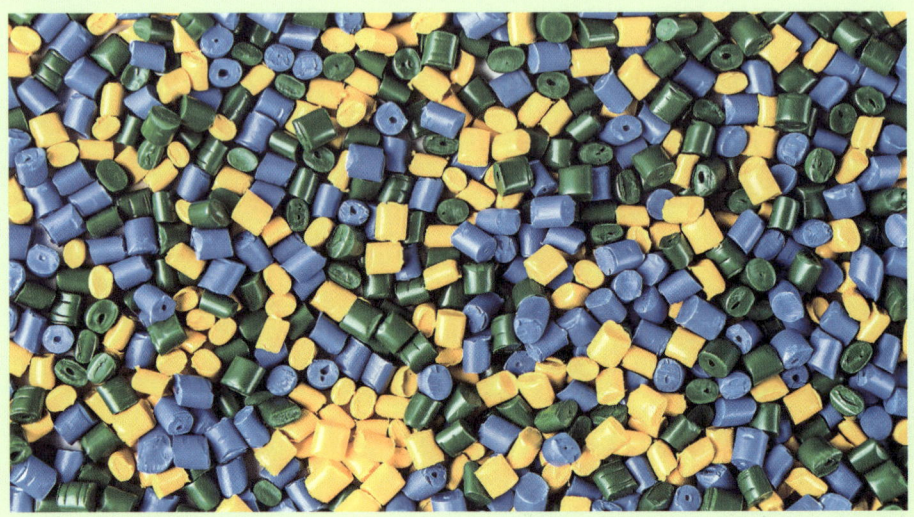

▲ 플라스틱 알갱이

지구를 위협하는 플라스틱, 계속 사용해도 괜찮을까?

우리는 그동안 플라스틱이 주는 편리함에만 젖어 있었어. 플라스틱이 환경에 심각한 피해를 줄 수도 있다는 사실을 무시한 채 말이야. 플라스틱은 썩는 데 시간이 아주 오래 걸려. 칫솔 하나가 썩는 데는 100년 이상이 걸리고, 페트병이 땅 속에서 완전히 분해되려면 500년 이상이 걸린대. 이렇게 오랜 시간 동안 플라스틱 쓰레기가 썩지 않고 남아 있으니, 어쩌면 지구에서 생명체가 모두 사라져도 플라스틱은 남아 있을지도 몰라.

더 심각한 문제는 미세 플라스틱이야. 미세 플라스틱은

대체로 5mm 이하의 작은 플라스틱을 말하는데, 우리 눈에는 보이지도 않아. 미세 플라스틱이 위험한 이유는 작은 플라스틱 입자가 바다와 공기 중에 떠다니며 해양 생물과 인간의 몸속에서 문제를 일으키기 때문이지.

환경을 생각하는 플라스틱 사용법

각국에서는 플라스틱을 대체할 만한 친환경 소재를 개발하기 위해 노력하고 있어. 하지만 그보다 더 중요한 것은 플라스틱의 과도한 사용을 줄

▲ 재활용 자동화 제품에 플라스틱 병을 넣고 있다.

▲ 스웨덴 스톡홀롬에 있는 분리 수거 쓰레기통

이는 거야. 독일에서는 일찍이 '순환경제법'이라는 플라스틱 재활용 법이 제정되어 거의 100%에 가까운 플라스틱 재활용률을 보이고 있어. '순환경제법'이 뭐냐고? 간단해. 일회용 용기를 만드는 제조사에게 정부가 높은 세금을 부과하는 거야. 거기에다 이미 만들어진 플라스틱 페트병에는 우리나라 돈으로 300원 정도의 보증금을 부과해서 소비자가 다 쓴 플라스틱 페트병을 반납하면 처음에 지불했던 300원을 돌려주는 방식도 활용하고 있지. 플라스틱의 낭비를 막기 위해서 우리도 이런 점은 배워야 할 것 같아.

더 알아보아요

모두의 지구 지키기 영국 편
짚을 이용한 영국의 '스트로베일 하우스'

짚은 습도 조절 능력과 보온 효과가 좋아서 집을 지을 때 건축 자재로 쓰기에 적합해. 실제로 이러한 짚의 장점을 이용해서 만들어진 '스트로베일 하우스'가 국내에서도 많은 관심을 받고 있어.

여기서 스트로는 짚을 뜻하고, 베일은 가벼운 것을 단단히 묶는 더미를 뜻해. 즉, '스트로베일 하우스'는 벽돌 대신 짚더미를 이용하여 외벽을 쌓아 만든 집을 말해.

영국의 친환경 주택단지인 '라일락 커뮤니티'에서 짚으로 된 조립식 집을 지었는데 그 집들이 일반 집들에 비해 가스 요금이 90% 가까이 절약 효과를 보였대. 바로 짚이 지니고 있는 보온성 때문이지. 또 장마철임에도 불구하고 집 안에 빨래를 널면 하루 만에 마른다고 해. 짚은 습도가 높으면 공기 중의 습기를 빨아들이고 반대로 실내가 건조해지면 머금었던 습기를 내뿜는 성질을 가지고 있기 때문이지.

참! 저렴한 건축비 또한 스트로베일 하우스의 매력이라고 하니 이미 이런 볏짚의 효과를 알고 사용했던 우리 조상들의 지혜가 다시 한 번 대단하게 느껴져.

가사 90%

다섯

조상들의 에코 패션,

천수의 새 옷

어머니 심부름으로 마을 장터에 다녀오던 천수는 마을 어귀에 아이들이 모여 있는 것을 보았다. 천수는 아이들이 무얼 하고 있나 궁금하여 둥글게 모여 있는 아이들 사이로 고개를 쏙 내밀었다.
"이야, 영천아! 저고리 색이 엄청 곱다."

"응, 이제 곧 명절이라고 어머니께서 큰맘 먹고 한 벌 해 주신 거야."

새 옷을 입고 아이들 한가운데에 위풍당당하게 서 있는 영천이가 대꾸했다.

"바지 색이랑 저고리 색이 딱이네."

"새 옷을 입어서 그런가 사람이 달라 보인다."

아이들은 저마다 부러운 눈길을 보내며 영천이에게 한 마디씩 했다.

천수는 무리 사이를 슬그머니 빠져나왔다. 영천이의 화려한 옷을 보니 자신이 입고 있는 옷이 초라하게 느껴졌기 때문이다. 매번 명절 때마다 어머니께서는 새 옷을 사 주신다고 약속하셨지만 작년에도 올해도 감감무소식이었다. 천수는 괜히 심술이 났다.

그날 저녁, 천수는 일을 마치고 돌아온 어머니를 붙잡고 조르기 시작했다.

"어머니, 저도 새 옷 사 주세요. 작년부터 사 주신다고 해놓고선 왜 아무 말씀이 없으세요?"

천수의 말을 들은 어머니는 한숨을 푹 내쉬며 말씀하셨다.

"옷 한 벌 새로 할 때가 되긴 되었지. 그런데 그 귀한 옷감을 그렇게 쉽게 구할 수가 있어야지. 게다가 색이 곱게 물든 옷감은 오죽 비쌀까?"

어머니의 한숨에도 천수는 아랑곳하지 않고 어머니에게 매달리다시피

하며 졸랐다.

"어머니, 하나 밖에 없는 아들이 매일 똑같은 옷만 입고 다니면서 친구들한테 창피 당하면 좋겠어요? 영천이도 오늘 새 옷 입고 왔단 말이에요."

"알았다. 알았어! 이 어미가 어떻게든 천수 옷부터 마련해 보마."

어머니께서는 천수의 성화에 결국 두 손 두 발 다 들고 말았다.

다음 날, 어머니께서는 장터로 향하셨다. 만들어 놓은 떡을 다 팔면 천수의 옷을 꼭 사오겠노라고 약속도 하셨다.

'어머니께서 어떤 옷을 사오실까? 음… 영천이가 입은 것처럼 노란 저고리일까? 아니야, 아무래도 놀다 보면 금방 더러워질 수 있으니까 좀 더 진한 색으로 사오실 거야. 푸른색이 더 나으려나? 히히, 아무렴 어때, 어떤 색이든 다 멋지게 입어 줄 수 있다고!'

천수는 어머니께서 사올 새 옷을 생각하며 행복한 고민에 빠졌다. 멋진 옷을 입은 자신의 모습을 상상하는 것만으로도 시간이 금세 흘렀다.

오래 지나지 않아 어머니께서 돌아오셨다. 천수는 버선발로 뛰쳐나가 어머니를 맞이하였다.

"어머니, 다녀오셨어요? 제 옷도… 어라?"

어머니의 손에는 하얀 무명천이 들려 있었다.

"으앙, 그냥 무명천을 사오시면 어떡해요?"

새하얀 무명천을 보자 천수는 잔뜩 들떴던 기분이 땅까지 꺼지는 듯했다. 혼자 상상했던 고운 색의 옷들이 머릿속에서 사라지면서 괜히 눈물이 났다.

"친구들은 다 멋들어진 옷을 입는데 저만 이게 뭐예요. 다시 장터에 가서 바꿔다 주세요, 네?"

천수는 어머니를 졸졸 쫓아다니며 우는소리를 했다.

그런데 어머니께서는 천수의 마음을 아는지 모르는지 사온 천을 마루 한 구석에 포개어 올려 놓으시고는 부엌으로 향하셨다. 그러고는 다 먹고 한 구석에 모아두었던 밤껍질과 양파 껍질을 채반에 받쳐 마당으로 들고 나오셨다.

"아이참, 어머니, 제 말은 들으셨어요? 지금 이깟 쓰레기들이 중요한 게 아니라구요."

어머니께서는 그제서야 천수를 바라보며 말씀하셨다.

"귀하게 얻은 옷감이니 더 질기고 예쁘게 만들면 좋잖니. 다 생각이 있어서 그런 것이니, 그만 징징대고 저기 감나무에 있는 풋감 좀 따오거라."

천수는 어쩔 수 없이 어머니의 말을 따를 수밖에 없었다. 마당 한 켠에 세워져 있던 장대로 풋감을 따서 어머니 앞에 있는 함지박에 옮겨 놓았다. 어머니께서는 함지박에 있는 풋감들을 방망이로 짓이기시며 즙을 만드셨다. 한참 방망이질을 하시던 어머니께서는 이마에 송글송글 맺힌 땀을 닦으신 뒤, 천수에게 무명천을 가져오라고 하셨다.

어머니께서는 천수에게 건네받은 무명천을 함지박에 담가서 조물조물거리셨다. 이내 하얀천에 푸른 감즙이 속속 베어들었다. 몇 번을 더 조물거리다가 어머니께서는 천을 꼭 짜서 마당 한가운데에 펼쳐 널으셨다.

"이렇게 햇볕에 말리고 난 뒤에 다시 감물에 담갔다가 볕에 말리기를 두어 번 반복하면 색이 아주 곱게 나올 거다. 지금은 색이 이렇게 흐릿해 보여도 햇볕이랑 바람이 아름다운 색을 만들어 줄 거야."

그제서야 어머니께서 왜 풋감을 따오라고 하셨는지 알 것 같았다. 방금 전까지만 해도 그저 흰색이었던 천은 지금 잘 익은 감처럼 아름다운 주황빛을 띠고 있었다.

그런데 한 가지 궁금한 점이 있었다. 장터에서 바로 염색된 천을 사오면 될 것을, 풋감을 짓이기고 햇볕에 널어 말리는 고생을 사서 할 게 뭐람? 천수의 마음 속 생각을 읽기라도 한 양 어머니께서는 말씀을 이어 나가셨다.

"염색된 천을 사올 수도 있었지만 이렇게 흰 무명천을 끊어 오면 집에

있는 재료를 쓸 수 있기 때문에 버려지는 것들을 조금이나마 줄일 수 있지. 어차피 풋감은 떫고 씨도 많아서 못 먹고 버릴 감이지만 염색을 하기에는 아주 좋은 재료란다. 또 저기 모아둔 밤껍질과 양파 껍질도 염색제로 쓰면 아주 고운 빛깔을 내지. 자 이제는 저 밤껍질로도 한 번 염색을 해볼까?"

어머니께서는 큰 솥에 물을 팔팔 끓이시더니 모아두었던 밤껍질을 쏟아 부으셨다. 한참을 고아야 색이 진하게 나온다고 하셨다. 어머니와 천수는 마당에 앉아 밤껍질이 잘 고아질 때까지 기다리며 이런저런 이야기를 나누었다.

"그렇게 친구들 옷이 부러웠던 게냐?"

어머니께서는 천수를 물끄러미 바라보며 물으셨다.

"아… 네, 요번에 영천이가 새 옷을 샀다고 엄청 자랑을 하지 뭐예요? 그래서 그만…."

"니 나이 때는 친구들이 입고 있는 때때옷이 많이 부럽지. 비단옷은 못해 줘도 밤껍질이랑 양파 껍질이 다 고아지면 색깔을 맞춰서 멋진 옷을 만들어 주마."

"어? 저 감물 들인 천으로만 옷을 만드는 게 아니고요?"

"그럼, 흰 무명천을 넉넉히 끊어 온 이유가 뭐겠니? 여러 색깔로 물을 들여서 우리 천수 멋진 옷 만들어 주려고 그런 게지. 지금 네가 입고 있는 그 헤진 옷도 버리지 말고 한 번 더 염색해서 옷고름이나 저고리 깃에 덧대는 걸로 쓰자꾸나. 감쪽같을걸?"

천수는 어머니의 이야기를 듣고 이제까지 어머니께 채근한 것이 멋쩍었다. 어머니께서는 늘 이렇게 천수의 생각보다는 한 걸음 더 앞서 나가셨다.

"천수야, 이렇게 직접 염색을 한 옷들은 우리 건강에도 이롭단다."

"건강에도요?"

천수는 색깔만 고운 줄 알았던 것이 건강에도 좋다는 말에 눈이 동그래졌다.

"그럼. 다 자연에서 난 재료를 활용하는 거라서 피부에도 좋고 공기도 잘 통해서 특히 여름에 좋지. 게다가 염색을 한 뒤에는 천도 단단해지고 빳빳해져서 더 오래 입을 수도 있단다. 인간에게만 이로운 줄 아니? 다 쓰고 난 재료는 다시 자연으로 돌아가서 거름과 퇴비로 쓰이니 일석이조란다."

어머니께서는 마당에 널어 놓은 감물을 들인 천을 바라보며 말씀하셨다.

"얼른 입어 보고 싶어요."

방금 전까지도 징징거리던 천수는 온데간데없었다.

천수는 정말 궁금했다. 어머니는 어떻게 이런 방법을 알아내셨을까? 아! 할머니께 배웠다고 했지! 그럼 할머니는 어떻게 이런 방법을 알게 되었을까? 할머니의 할머니는? 꼬리에 꼬리를 무는 질문으로 천수의 하루는 그렇게 저물어 갔다.

더 알아보아요

조상들의 지구 지키기
자연과 인간을 품은 천연 염색

조상들은 어떤 옷을 입고 살았을까?

산업 기술이 발달하기 전, 조상들은 어떤 옷을 입고 살았을까? 그때도 편하고 멋진 옷을 입고 싶어 하는 사람의 마음은 모두 같았을 텐데 말이야.

옷을 만들려면 섬유가 필요해. 이 섬유를 자연에서 얻으면 천연 섬유라고 하고, 석유나 석탄 등의 화학물질을 가공하여 얻으면 인조 섬유라고 하지. 인조 섬유는 세탁을 하는 과정에서 눈에 보이지 않는 미세 플라스틱이 흘러나와 환경을 오염시키기도 해. 피부가 예민한 사람은 인조 섬유로 된 옷을 입으면 피부 발진이 생기기도 하는 등의 건강 문제도 발생해.

▲ 인공 섬유

▲ 목화

하지만 우리 조상들은 삼, 마, 목화 등의 천연 재료에서 섬유를 얻고, 천을 만들었대. 거기에 천수 어머니처럼 풋감, 밤껍질, 양파 껍질 등을 이용하여 색을 입히고 치수에 맞게 재단하여 옷을 만들어 입었어.

환경과 아름다움, 두 마리의 토끼를 잡은 천연 염색

자연에서 얻은 재료를 빻거나 끓여서 색소를 우려내는 염색 방법은 그 과정에서도 환경 오염 물질이 발생하지 않아. 염색을 하고 남은 찌꺼기는 가축의 먹이로 쓰이거나 퇴비장에서 충분한 발효 과정을 거쳐 질 좋은 비료로 만들어지기도 하지. 게다가 지금처럼 염색 과정에서 생기는 폐수가 많이 생기지 않아 수질 오염에서도 자유로웠어. 천연 염색은 자연의 빛깔을 그대로 담아내기 때문에 그 자태가 얼마나 은은하고 고급스러운지 몰라. 우리 조상들은 자연의 다양한 염료를 이용하여 이처럼 멋진 색의 아름다움을 누렸다고 할 수 있지.

이런 색도 있어요

우리 민족의 색, 오방색은 어떻게 물을 들일까?

우리나라의 전통색은 음양오행론에 바탕을 둔 '오방색'이라 할 수 있어. 음양오행론이란 음과 양의 기운이 세상의 하늘과 땅을 만들었고 그 기운이 서로 만나 오행(나무 木, 불 火, 흙 土, 쇠 金, 물 水)을 이루게 되었다는 사상이야. 각각의 오행은 그 기운에 따른 색을 나타내는데, 흰색은 쇠, 빨간색은 불, 파란색은 나무, 노란색은 흙, 검은색은 물을 나타내지.

쇠를 나타내는 흰색은 우리 민족이 '백의민족'이라 불렸던 것처럼 우리를 대표하는 색이라 할 수 있어. 염료를 사용하지 않아 순수한 상태야. 불을 나타내는 빨간색은 홍화, 소목 등을 이용하여 그 색을 표현했대. 나무를 나타내는 파란색은 주로 '쪽'이라는 식물을 이용하여 색을 들여. 흙을 나타내는 노란색은 치자나 황련을 이용하여 그 화려한 색을 추출했다고 해. 물을 나타내는 검은색은 먹이나 잿물을 이용하여 물을 들였고 해.

▲ 천연 염색 방식으로 물들인 쪽빛 스카프

더 알아보아요

우리들의 지구 지키기
패션, 왜 환경을 생각해야 할까요?

하얀 거품이 부글거리는 노이얄강

인도 남부에는 '노이얄'이라는 강이 있대. 사람들은 이곳의 물을 이용하여 쌀, 바나나, 코코넛 등을 재배하며 살고 있었지. 그런데 미국 유명 의류 업체와 인도 정부가 노이얄강 근처에 있는 티루푸르 지역을 섬유 산업의 중심지로 키우면서 비극이 시작됐어. 엄청난 양의 옷을 염색하는 과정에서 나오는 폐수를 정화시키지 않고 그대로 버렸기 때문이야. 염색하는 과정에 많은 화학 물질을 사용하는데 그 물질들이 고스란히 강물에 녹아 더 이상 인간이 마실 수도, 농사를 지을 수도 없는 오염수로 만들어 버린 거지. 이러한 피해는 강물뿐만이 아니라 인간에게도 부메랑처럼 돌아왔어.

▼ 오염된 노이얄강

그 지역 주민들의 일부가 관절통, 위염, 호흡장애와 같은 수인성 질병*으로 고통받고 있다니 안타까운 일이야.

***수인성 질병** 오염된 물을 마시거나 접촉했을 때 발생하는 병. 피부와 눈 등에 염증을 일으키거나 설사와 구토를 한다.

옷은 환경을 어떻게 파괴할까?

필요한 옷만 사고 오랫동안 아껴 입어야 하는 이유가 있어. 바로 옷을 만드는 과정이 환경에는 그다지 좋은 영향을 끼치지 않기 때문이야. 보통 옷을 만들 때는 천연 섬유나 인조 섬유를 제작하고, 그 섬유를 직조하여 천으로 만든 뒤, 염색하여 재단하는 과정을 거치지. 천연 섬유의 경우에는 덜하겠지만 현재 가장 많이 사용되고 있는 폴리에스테르라는 인공 섬유는 석

▲ 직물 산업용 기계

유에서 만들어지기 때문에 사용 후에 분해가 잘 되지 않는다는 문제가 있어. 하지만 옷을 만드는 과정에서 환경을 가장 오염시키는 단계는 바로 염색 공정이야. 염색을 하는 단계에서는 많은 양의 물뿐만 아니라 형광 물질, 유연제, 화학 염색제, 포름알데히드와 같은 이름도 어려운 화학 물질들을 수백 가지나 사용해. 이러한 물질들이 강으로 흘러들어 환경을 오염시키지.

진정한 패셔니스타로 거듭나기 위하여 이제는 에코 패션으로

우리는 뛰어난 패션 감각으로 패션을 선도하는 사람들을 '패셔니스타'라고 불러. 그런데 진정한 패셔니스타라면 화려한 패션 이면에 감춰진 환경

문제에 책임을 느끼면서도 자신의 스타일과 멋을 찾아가야 하지 않을까?

최근에는 국내 패션 업계에서도 환경을 생각한 에코 패션에 많은 관심을 보이고 있어. 수거한 페트병을 녹여 실로 만들기도 하고, 유칼립투스 나무나 사탕수수를 가공하여 신발을 만들기도 하지. 그리고 의류 제품을 만드는 과정에서 발생하는 환경 오염도를 줄이기 위해 의류 포장을 할 때도 재활용된 가방을 사용하고 말이야.

기업들이 이렇게 친환경 소재 개발에 박차를 가하는 이유는 환경에 주는 부담을 최소화하려는 의식 있는 소비자들 덕분이겠지? 우리도 함께 동참해 보는 건 어떨까?

더 알아보아요

모두의 지구 지키기 미국 편
'이 자켓을 사지 마세요' 파타고니아의 광고 문구

옷을 살 때, 환경을 생각하는 의식 있는 소비자들이 많이 생겨나고 있어. 이런 소비자들의 마음을 겨냥해서일까? 얼마 전 미국의 한 기업에서 'DON'T BUY THIS JACKET(이 자켓을 사지 마세요)'이라는 엉뚱한 광고를 내보냈어. 그것도 1년 중 매출을 가장 많이 올릴 수 있는 블랙 프라이데이에 말이야. 이 광고를 낸 기업은 이미 친환경 의류로 명성이 자자한 '파타고니아'였어. 파타고니아는 새 점퍼를 만들려면 135L의 물, 20파운드의 탄소 배출 그리고 완성품의 3분의 2에 달하는 쓰레기가 남는다는 것을 잘 알고 있

▲ 파타고니아 로고

었어. 그래서 아무리 친환경적으로 옷을 제작한다고 하더라도 새 옷을 만들기 위해서는 환경에 부담을 줄 수밖에 없다는 사실을 소비자에게 알리려 한 거지. 그럴 바에는 차라리 옷을 사지 말고 옛날에 당신이 산 파타고니아 제품을 재활용하는 게 어떤가 하는 제안이 담긴 광고였어.

이런 파타고니아의 뜻에 동조한 소비자들이

▲ 파타고니아는 식품산업에도 진출했다.

정말로 자신의 집에 묵혀 있던 파타고니아 옷을 입고 사진을 찍어 그들의 캠페인에 화답했다고 해. 평소 적자가 나더라도 "고향별 지구를 구하기 위해 사업을 한다"는 파타고니아의 신념이 정말 말뿐이 아님을 증명한 순간이었어.

여섯

조상들의 자연 순환 농법,
땅도 살리고 누렁이도 살리고

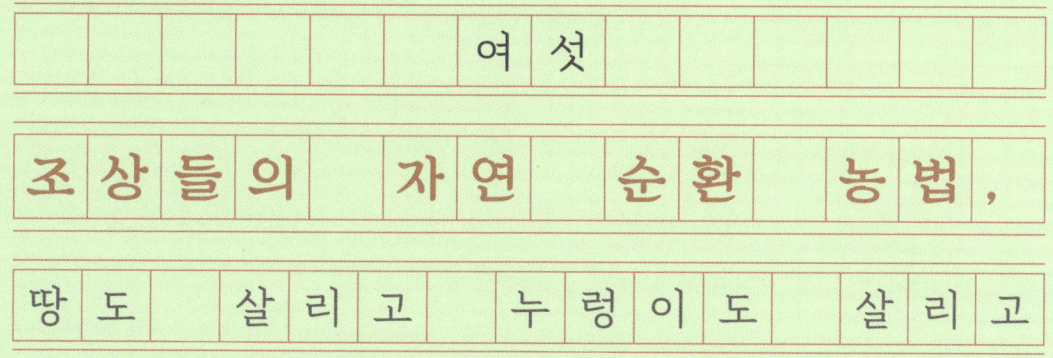

며칠째 비가 와서 그런지 외양간에는 마당 뒤쪽으로 옮기지 못한 소똥이 가득했다. 아버지께서는 비가 갠 뒤에 소똥을 마당 뒤쪽으로 옮길 거라고 하셨다. 그래서 어제오늘 누렁이가 싼 똥을 그저 외양간 한곳으로 쓸어만 놓으셨다. 비가 오는 날이라서 그런지 외양간 안의 소똥 냄새가 곱절로 나는 듯했다.

'아버지는 왜 이 똥들을 모아두라고 하시는지 모르겠네? 어차피 모아서 버리나 그때그때 버리나 똑같을 텐데…'

봉식이는 한 손으로 코를 틀어막고 누렁이의 여물을 챙겨 주었다. 누렁이는 똥냄새에도 아랑곳하지 않고 여물을 맛있게 받아먹었다. 하지만 봉식이는 동생 같은 누렁이가 똥냄새 가득한 외양간에서 지내는 것이 마음에 걸렸다. 아무리 자기가 싼 똥이라고 해도 동물도 사람처럼 똥냄새, 오줌 냄새가 싫을 것 같았기 때문이다. 봉식이는 안 되겠다 싶어 똥장군에 소똥을 담아 넣었다. 비가 와서 불어난 냇물에 소똥을 버리고 간만에 똥장군도 깨끗이 씻어낼 요량이었다.

"누렁아! 이 형님이 외양간 깨끗하게 치워 줄게. 너 생각하는 건 이 형님밖에 없지? 이따 아버지가 깨끗해진 외양간을 보시면 깜짝 놀라시겠다."

봉식이는 누렁이를 향해 어깨를 한 번 으쓱하고는 개울가로 향했다. 불어난 물에 소똥을 털어내고 똥장군도 깨끗이 씻어내니 속이 다 시원했다. 한껏 가벼워진 발걸음으로 돌아온 봉식이는 아버지가 오시기만을 기다렸다.

해 질 녘이 되어서야 돌아오신 아버지는 여느 때와 같이 외양간으로 가셨다.

"누렁아, 오늘도 잘 놀았느냐? 요새 비가 와서 일도 쉬고 있으니 우리 누렁이 살판났다. 허허. 봉식이 형이 여물을 잘 챙겨 주었는지 한 번 보자. 어라?"

외양간에서 들리는 인기척에 봉식이는 아버지가 오셨구나 싶었다. 방문을 열고 한껏 당당한 기세로 아버지가 계신 외양간으로 향했다. 봉식이를 보자마자 아버지께서 물으셨다.

"봉식아, 여기 모아두었던 소똥은 다 어디로 간 게냐?"

"아, 그 소똥 말이죠? 제가 깨끗하게 치웠어요. 어차피 버릴 거 미리 손을 좀 썼죠. 개울물에 흘려보냈으니 흔적 없이 잘 씻겨 내려갔을 거예요."

봉식이의 말을 들은 아버지께서 깜짝 놀라시며 말씀하셨다.

"뭐? 그 귀한 것을 버렸다고? 이 아비가 소똥은 버리지 말고 저 마당

뒤쪽에 모아두어야 한다고 하지 않았느냐? 비가 와서 옮기지 못하고 있는 걸 그사이 다 갖다 버린 게냐? 그게 다 농사일에 거름으로 쓰는 자원이란 말이다."

예상치 못한 아버지의 반응에 봉식이는 눈이 휘둥그레졌다.

"소똥이 거름으로 쓰인다고요?"

"그래, 이 녀석아! 너는 농사꾼이 옆집에 쌀은 주어도 똥은 안 준다는 말도 못 들어보았느냐? 소똥과 볏짚을 잘 섞어서 일 년 동안 잘 삭혀 놓으면 그보다 좋은 거름이 없거늘…. 게다가 가축 분뇨를 그대로 물에 흘려보내면 물이 얼마나 더러워지는 줄 아느냐?"

봉식이는 아버지의 말을 듣고 얼굴이 빨갛게 달아올랐다. 아버지 말씀을 흘려듣고 마음대로 행동한 일이 부끄러웠다. 옆에 있던 누렁이도 봉식이를 나무라는지 '음매, 음매' 하고 울었다.

"안 되겠다. 봉식이 너 내일부터 이 아비를 따라 농사일을 좀 돕거라."

"네? 아버지! 저는 저 누렁이 한 마리 보살피는 것도 힘들어요."

"본디 농사를 짓는 것과 가축을 키우는 것은 함께해야 하는 일이다. 농사를 짓고, 가축을 길러 봐야 자연에서 난 것이 다시 자연으로 돌아가는 이치를 알게 되는 법이야."

봉식이는 내일부터 농사일을 해야 한다는 생각에 한숨이 절로 나왔다. 소똥 한번 잘못 버린 일이 이렇게 큰일이 되어 되돌아 올 줄은 꿈에도

몰랐다.

　다음 날 아침, 아버지께서는 일찍부터 봉식이를 흔들어 깨우셨다. 눈이 반쯤 감긴 상태로 일어났지만 집 밖으로 나오자마자 쌀쌀한 늦가을 날씨에 정신이 번쩍 들었다. 봉식이는 양손을 겨드랑이 사이에 꼭 낀 채 아버지를 따라 논으로 종종걸음을 쳤다.

　'가을 추수도 마쳤고 낟알까지 훑어냈으니 오늘은 논에 가도 할 일이 별로 없겠지?'

　봉식이는 쌀쌀한 날씨에 그나마 다행이라고 생각하며 혼자 안도의 숨을 내쉬었다.

　하지만 논에 도착한 아버지께서는 뜻밖의 말씀을 하셨다.

"내년 농사를 짓기 전에 땅심을 먼저 높여 놓아야 한단다. 해지기 전까지 거름 내는 일을 마쳐야 하니 어서 서두르거라."

"땅심이요?"

봉식이는 땅에도 힘이 있다는 말에 놀라며 아버지께 물었다.

"그래, 올해 이만큼 농사가 잘된 것도 작년 농사 시작 전에 이 아비가 미리 거름내기를 마쳐 땅 힘을 키워 두었기 때문이야. 땅심을 올려 주는 데는 소똥 삭힌 것만 한 게 없지."

아버지 얼굴에 뿌듯한 미소가 가득 차올랐다. 아마도 올해 농사가 다른 집의 곱절이나 되었다는 사실이 떠오르신 듯했다.

"내년 농사는 더 잘될 듯하구나. 우리 봉식이가 이 아비를 도와 거름을 내면 땅이 더 힘을 내서 풍년으로 보답하지 않겠느냐?"

아버지의 격려에 봉식이는 얼른 삼태기에 거름을 가득 채워 땅에 골고루 뿌리기 시작했다.

한 곳에만 거름을 너무 많이 주어도 안 되고, 거름을 받지 못한 빈 공간이 생겨서도 안 되었다. 그저 뿌리기만 하면 될 줄 알았는데 생각보다 신경 쓰며 해야 하는 일이었다. 한참 일을 하다 보니 벌써 해가 산꼭대기에 걸렸다.

"에구구, 허리나 좀 펴야겠다. 봉식아, 좀 쉬었다 하자구나."

봉식이는 아버지 옆으로 가 앉았다. 힘이 들어 멍하게 쉬고 있던 봉식이 눈에 구석에 쌓여 있는 볏짚들이 눈에 띄었다.

"아버지, 저 볏짚들은 이제 어떻게 하실 참이세요?"

"잘 보관했다가 우리 누렁이 쇠죽 끓이는 데 써야지."

"누렁이가 먹는 쇠죽이 저 볏짚으로 만든 거라고요?"

봉식이는 볏짚으로 쇠죽을 만든다는 말을 듣고 깜짝 놀랐다.

매번 어머니께서 끓여 주신 쇠죽을 식혀다가 누렁이 먹이통에 넣어 주면 누렁이는 신이 나는지 꼬리를 살랑거렸다. 누렁이가 제일 좋아하는 먹이가 쇠죽이라는 사실은 누구보다도 봉식이가 잘 알고 있었다.

"그럼! 저 볏짚을 잘게 잘라 여물을 만들고 쌀겨와 섞어 솥에다 함께 끓이면 그게 바로 쇠죽이 되는 거란다. 겨울철에는 누렁이가 뜯어먹을 풀도 없는데 그나마 쇠죽이 있으니 다행이지."

봉식이의 머릿속에는 볏짚으로 만든 쇠죽을 먹고 똥을 싸는 누렁이와 그 똥을 잘 삭혀서 거름으로 쓰는 아버지의 모습이 그려졌다. 자연에서 얻은 것을 다시 자연으로 되돌리는 농사가 무엇을 뜻하는지 그제서야 알 것 같았다. 봉식이는 땅과 누렁이를 모두 살리면서도 버리는 것이 하나도 없는 아버지의 농사법이 그저 신통하기만 했다.

> 더 알아보아요

조상들의 지구 지키기
땅을 지키는 조상들의 자연 순환 농법

농업과 축산업이 하나로, 조상들의 자원 순환

옛날에는 봉식이네처럼 농사와 가축 키우기를 함께하며 살았어. 집집마다 외양간에 누렁이(소)를 한두 마리씩 키우며, 농사를 짓는 데 이용하곤 했지. 소는 기계가 없던 시절에 논과 밭을 가는 데 꼭 필요한 가축이었어. 그러니까 작물을 기르는 농업과 가축을 기르는 축산업이 자연스럽게 연결되어 있던 셈이지.

농사를 짓고 나서 남은 볏짚은 소의 먹이가 돼. 소는 볏짚을 든든하게 먹고 똥을 싸는데, 조상들은 그 똥을 잘 삭혀 거름으로 사용하기도 했어. 자연에서 돌고 도는 이런 농사법을 생각해 낸 조상들이 참으로 지혜롭게 느껴져.

땅을 살리는 자원 순환 농법

그럼, 어떻게 '자원 순환' 농법이 땅의 힘을 키워 준다는 걸까? 땅의 힘이 좋다는 말은 그만큼 그 땅이 작물을 잘 키울 수 있는 능력이 있다는 거야. 식물의 뿌리가 땅속 깊이 퍼질 수 있을 만큼 흙이 충분히 부드럽고 영양분이 풍부한 땅이라는 거지. 하지만 처음에는 힘이 좋았던 땅도 농사를 몇 해 동안 이어서 짓게 되면 양분이 부족해지겠지? 그럴 때, 잘 삭힌 소똥을 거름으로 주면 땅은 부족했던 양분을 다시 공급받을 수 있어. 소똥에는 땅의 힘을 키워 주는 질소, 인, 칼륨 등의 성분이 많이 들어 있거든. 게다가 소똥에는 땅속 미생물이 좋아하는 섬유질이 많이 포함되어 있다고 하니 땅에는 최고의 거름인 셈이지.

이런 책도 있어요

조선시대 《농사직설》말고도 또 다른 농서가 있다고?

조선 성종대에 강희맹이라는 사람이 있었대. 그는 52세까지 벼슬을 하다가 은퇴하여 부인의 고향인 금양현(현재 경기도 시흥과 과천 일대)에서 살았다고 해. 일찍부터 농사에 관심이 많았던 그는 금양 지역을 돌아다니면서 농사꾼들과 직접 만나고 대화한 내용을 책으로 엮어 《금양잡록》이라는 책을 썼어.

《금양잡록》의 다섯 번째 꼭지인 〈종곡의〉 편에는 땅이 건강해야 얻는 작물도 튼실하다는 내용이 적혀 있어. 나이 든 농사꾼이 강희맹에게 "땅이 기름지면 씨앗 하나에 줄기가 30여 개 자랄 수 있다."는 말을 하면서, 농사 전에 땅심을 높이는 것이 중요하다는 것을 강조하고 있지.

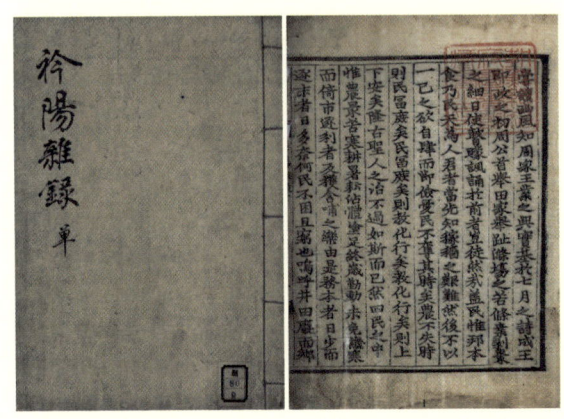

《금양잡록》

> 더 알아보아요

우리들의 지구 지키기
농사, 자원 순환 농법이 주목받고 있는 이유는?

병들고 있는 땅

옛날에는 각자의 농토에서 식구들이 먹을 것 정도만 생산하는 '자급자족' 형태의 농사였어. 하지만 지금은 시장에 내다 팔 목적으로 상품 작물을 재배하는 농사가 대부분이야. 그래서 생산량을 높여 돈을 버는 것이 농부들의 목표가 되어 버렸지. 농부들은 자연스럽게 같은 노력으로 최대의 성과를 낼 수 있는 대량생산 시스템에 눈을 돌리게 되었어.

그때 마침, 독일의 과학자 프리츠 하버가 화학 비료를 발명하게 돼. 화학 비료에는 식물이 자라는 데 필요한 질소 성분이 많이 들어 있기 때문에 농

▲ 작물에 비료를 뿌리고 있는 농부

부들은 너도나도 화학 비료를 사용하기 시작했어. 하지만 여러 가지 문제점들이 서서히 나타나기 시작했지. 논과 밭에 뿌려진 과도한 화학 비료들은 강과 바다로 흘러 들어가 깨끗했던 물을 오염시켰고, 땅도 점점 딱딱하게 만들었어. 당연히 땅에 살고 있던 다양한 미생물은 숨이 막혀 죽게 되었고, 산성화된 땅을 좋아하는 해충과 바이러스만이 활개 치게 되었지.

최근 주목받고 있는 자원 순환 농법

다행히도 최근에는 많은 농부와 소비자들이 환경을 지키는 농사에 관심을 보이고 있어. 땅이 오염되면 그다음 차례는 바로 인간이라는 사실을 깨달은 것이지. 이러한 관심 속에서 주목받고 있는 자원 순환 농법은 '논밭에서 난 것 중 사람과 가축이 먹을 것을 제외하고 다른 모든 것은 다시 땅으로 돌려준다'는 기본 원칙을 꼭 지키려 해. 특히, 비료, 농약 같은 것들을 뿌리지 않으려고 하지.

하지만 농약을 뿌리지 않으면 해충이 생겨서 작물이 피해를 입지 않느냐고 걱정하는 사람들이 있어. 그건 해충이 어떤 성분을 좋아하는지를 잘 몰라서 하는 소리야. 해충은 완전히 발효된 흙더미 안에서는 모습을 잘 드러내지 않아. 오히려 부패하고 있는 땅을 좋아하지. 자원 순환 농법으로 땅의 힘을 끌어올린 곳에서는 미생물이 살아 있기 때문에 발효 작용이 활발하게 일어나서 해충 걱정이 없어. 하지만 질소 성분만 가득한 비료가 오히려 땅의 부패를 부추기는 것과는 반대지.

　참, 땅의 상태에 따라 농작물의 맛도 달라진다는 사실을 알고 있니? 건강한 땅에서 자란 농작물은 보기에는 그리 화려하지 않아도 고유의 향기와 맛을 지니고 있어. 하지만 비료와 농약을 뿌려 망가진 땅에서 나는 농작물은 끝 맛이 쓰고 떫단다. 소들은 이런 사실을 직감적으로 알기 때문에 비료를 뿌린 땅에서 자란 진한 녹색의 풀은 잘 먹지 않는대.

▼ 퇴비

더 알아보아요

모두의 지구 지키기 일본 편
4무(無) 농법의 시작, 후쿠오카 마사노부

▲ 2002년 10월 나브다냐 워크숍의 후쿠오카 마사노부

"아무것도 하지 않는 게 최고의 농법입니다. 인간의 지혜에 기대지 마십시오. … 인간이 만드는 것이 아니라 자연이 만드는 것입니다."

'현대의 노자'라고 불리는 후쿠오카 마사노부는 1913년 일본의 한 명문가 집안에서 태어났어. 식물에 관심이 많아 식물 병리학을 전공하였고 그와 관련된 직업을 갖기도 했지.

그러던 어느 날, 후쿠오카 마사노부는 급성 폐렴에 걸려 죽음의 문턱까지 넘나들게 돼. 그때 그는 인간이 알고 있던 과학이 죽음 앞에서는 아무것도 아님을 깨달았다고 해. 그는 바로 하던 일을 그만두고 고향으로 내려와 농사를 지으며 자연과 함께 살아가는 삶을 시작했다고 해.

후쿠오카 마사노부는 농사에서 4가지를 없앴어. 무경운, 무비료, 무농약, 무제초가 그것이지. 즉, 땅을 갈지 않고 비료와 농약을 주지 않으며, 잡초를 제거하는 불필요한 노동을 하지 않는 것이야. 이것은 더 많은 수확을 얻기 위해 억지로 애를 쓰기보다는 불필요한 노동을 줄이고 모든 것을 자연의 섭리에 맡기는 태도를 뜻하기도 해. 그런데 신기한 것은 그가 경작하는 땅은 해가 갈수록 더욱 기름져서 일반 농사꾼 못지 않은 수확량을 얻었다는 거지.

이런 후쿠오카 마사노부의 농사법은 일본뿐만 아니라 전 세계에 알려져서 식량 문제와 사막화로 어려움을 겪고 있는 아프리카까지 그 명성이 전해졌어. 후쿠오카 마사노부는 아프리카를 직접 방문하여 농사법을 전해 주기도 했지.

▲ 현대적이고 전통적인 방식으로 경작되는 후쿠오카 가족 농장

일곱

조상들이 지켜낸 생물 다양성, 천하무적 옥수수밭

　　겨울의 추위가 다 가셔서 봄기운이 가득한 4월의 어느 날, 아버지께서는 촌장님 댁에서 옥수수 씨앗을 얻어오셨다. 아버지께서는 아침 일찍부터 정인이를 재촉하며 밭에 가자고 성화셨다.

　　옥수수 씨앗을 파종하는 날은 일손이 특히 많이 필요해서 아버지, 어머니는 물론 정인이까지 온 식구가 밭으로 향했다.

　　"아버지, 여기 꽃 덤불부터 정리하면 되는 거지요?"

　　정인이는 밭 한구석을 차지하고 있는 꽃 덤불을 낫으로 베어 낼 참이었다. 그러자 아버지께서는 손사래를 치며 다급하게 말씀하셨다.

　　"으이크! 큰일날 소리를 하는구나. 그 꽃 덤불은 그냥 두거라. 아무리

옥수수 농사가 욕심난다고 해도 꽃 덤불까지 해치면 못써!"

정인이는 아버지의 말에 고개를 갸웃거렸다. 아버지께서 꽃을 그렇게 좋아했던가? 어찌됐건 꽃 덤불을 정리하지 않아도 되니 일이 줄어든 것 같아 정인이는 내심 더 좋았다.

곧이어 아버지께서는 씨앗이 들어 있는 오쟁이를 한쪽 어깨에 들쳐 멨다.

"자, 잘 봐서 이렇게 따라 하거라."

아버지께서는 손가락으로 흙에 구멍을 쑥 내시고는 그 안에 옥수수 씨앗 두 개를 넣었다. 그리고 그 위를 흙으로 살살 덮어 주었다. 반걸음 뒤로 가서도 아까와 똑같이 씨앗을 심었다. 또 옥수수 씨앗 두 개를 넣어 심고 흙으로 살살 덮어 주셨다.

'아! 이걸 반복하면 되는 거구나. 생각보다 어렵지 않네?'

어! 그런데 아버지께서 세 번째 구멍에 옥수수 씨앗이 아니라 콩 씨앗을 넣으려 하는 것이 아닌가? 그 모습을 지켜보던 정인이는 얼른 아버지를 말리며 말했다.

"아버지, 그거 콩 씨예요. 옥수수 씨를 넣으셔야죠."

정인이는 아버지께서 씨앗을 헷갈렸다고 생각했다. 씨의 크기가 워낙 작고, 오쟁이에 가끔 다른 종류의 씨들이 섞여 들어 있는 경우도 꽤 있었기 때문이다.

그러자 아버지께서는 정인이를 보고 웃으시며 말씀하셨다.

"고 녀석 눈썰미 하나는 좋구나! 그런데 이렇게 옥수수 씨 두 번에 콩 씨 한 번을 뿌려야 작물들도 서로 어울리면서 자라나는 거란다."

정인이는 작물끼리 어울려서 자라는 게 뭐가 중요한 일인가 싶었다. 그저 값을 제대로 쳐 주는 걸 많이 심어서 거두어들이는 게 최고 아닌가?

"아버지, 그러지 말고 콩 심을 자리에 옥수수를 심어요. 작년에 옥수수가 흉년이었잖아요. 그래서 분명 올해는 옥수수 값을 잘 쳐 줄 거라구요."

정인이는 아버지가 미처 생각지 못한 것을 알려 드린 것 같아 내심 뿌

듯했다. 서당 개 삼 년이면 풍월을 읊는다는데, 이 정도쯤이야. 하지만 아버지께서는 정인이가 생각지도 못한 대답을 내놓으셨다.

"그거야 그렇지. 하지만 돈만 생각해서 밭에 한 작물만 심게 되면 그 밭은 오래가질 못해. 시간이 지나면 이 아비의 말이 무슨 뜻인지 알게 될 거다."

정인이는 이해하기가 어려웠다. 아버지께서는 농사를 한두 번 지어 보는 초보도 아니신데 왜 굳이 돈을 벌 수 있는 절호의 기회를 눈앞에서 날려 버리시는 걸까? 정인이는 아버지께서 하라는 대로 하기는 했지만 저기 꽃 덤불도 밀고, 콩 심을 곳에 옥수수만 심는 게 더 이득일 것 같다는 생각에는 변함이 없었다.

날이 무더워질수록 옥수수의 키도 쑥쑥 커 나갔다. 정인이네 밭뿐만 아니라 옆집 분이네 밭 옥수수도 쑥쑥 잘 자라고 있어서 정인이와 분이는 만났다 하면 옥수수 이야기를 했다.

"벌써 옥수수가 내 허리만큼 왔어."

"나중에 우리보다 키가 더 커지는 거 아냐?"

둘은 옥수수가 얼마나 자랄지 궁금했다.

여느 날과 같이 정인이는 눈뜨자마자 분이와 놀 생각에 부리나케 분이네 집으로 달려갔다. 분이 어머니께서 정인이를 반갑게 맞아 주셨다.

"정인이로구나, 분이는 아버지를 따라 밭에 나갔어. 옥수수 사이에 병이 돌고 있는지 요즘 난리란다. 참, 너희 밭은 괜찮은 게냐?"

"옥수수에 병이 생겼다고요? 저희 밭 옥수수들은 멀쩡한데요?"

"그래? 정인이네는 무슨 비결이 있나 보네. 아무튼, 분이는 아버지 따라 옥수수 밭에 갔단다."

정인이는 옥수수에 병이 생겼다는 아주머니의 말에 심상치 않음을 느끼며 분이네 밭으로 달려갔다. 분이와 분이 아버지가 무성하게 자란 옥수수 잎 사이로 보일락 말락 했다.

정말이지 분이 어머니가 말씀하신 대로 분이네 밭 옥수수들의 잎 색깔이 이상했다. 길게 자란 잎에는 검은 깨들이 알알이 박힌 것처럼 검은 무늬들이 번져 있었다. 잎도 시들시들한 게 몇몇 잎들은 기운을 못 차려 축 늘어져 있었다.

"정인아!"

아버지의 일을 돕던 분이가 인기척을 들었는지 옥수수 밭 사이에서 고개를 쏙 내밀었다. 정인이의 시선이 병든 옥수수에 멈춰 있는 것을 보고 분이가 한숨을 폭 쉬며 말했다.

"얼마 전부터 이랬어. 옥수수 줄기에 진딧물이 엄청 생기고 잎에는 깨씨를 뿌려 놓은 것마냥 이렇게 검은 무늬들이 번지더라고. 아버지 말로는 흙에 양분이 부족하면 가끔 이러기도 한대."

분이의 한 숨 섞인 말을 들으니 정인이도 덜컥 자기네 밭에 있는 옥수수들이 걱정되었다. 최근에 분이랑 노느라 바빠서 옥수수를 자세히 살펴보지 못했던 게 후회되었다. 요새 분이네 옥수수가 이렇게 되었으면 정인이네 밭 옥수수도 온전치는 못할 것 같다는 생각이 들었다. 정인이는 분이와 급하게 인사를 나누고 아버지가 계신 옥수수 밭으로 헐레벌떡 뛰어갔다.

"헉, 헉, 아버지! 우리… 옥수수들은… 헉, 헉, 괜찮아요?"

"원 녀석도! 숨 좀 고르고 말하거라. 누가 보면 큰일이라도 난 줄 알겠다."

정인이는 겨우 들락거리는 가슴을 진정시키고는 아버지께 다시 물었다.

"아버지, 옆집 분이네 옥수수 밭에는 진딧물이 엄청 생겼나 봐요. 그리고 흙에 양분인가 뭔가가 부족해서 옥수수 잎에 점박이 무늬가 엄청 생겼더라고요. 지금 옥수수 사이에서 역병이 도나 봐요!"

아버지께서는 뭐가 그리 우스운지 한참을 껄껄거리다 말했다.

"그러길래 이 아비가 저 꽃 덤불이랑 콩을 이 옥수수 밭에 함께 둔 것이 아니더냐."

"꽃 덤불과 콩이 옥수수에 생기는 병과 무슨 관련이 있나요?"

아버지께서는 밭 모퉁이에 있는 꽃 덤불을 가리키며 말씀하셨다.

"저 꽃 덤불이 있어야 밭에 벌이 찾아온단다. 꽃에 있는 꿀을 모으러 벌이 오는 거지. 특히 벌이 알을 낳 때에는 꿀말고도 더 많은 양분이 필요해. 그때 벌들이 찾아먹는 것이 바로 진딧물이지. 그래서 밭작물 옆에

는 꼭 꽃 덤불이 있어야 작물들을 갉아먹는 진딧물을 손쉽게 처리할 수 있단다. 진딧물의 천적이 벌이니까."

"아! 그래서 그때 아버지께서 꽃 덤불을 그대로 두라고 하셨던 거군요."

정인이는 아버지께서 한사코 꽃 덤불을 지키려 했던 이유를 알 것 같았다.

"그럼 콩은요? 콩은 왜 같이 심은 거예요?"

"옥수수는 자랄 때, 양분이 많이 필요한 작물 중 하나란다. 그런데 콩은 땅속에 있는 양분을 고정시켜 주는 역할을 하는 특이하고도 유용한 작물이지. 그래서 옥수수가 자라는 곳 옆에 콩을 심어 주면 옥수수에 필요한 양분을 콩이 잘 잡아 준단다. 또 옥수수는 위로 자라는 식물이라 아래로 덩굴처럼 자라는 콩에게는 든든한 바람막이 역할을 해 주기도 해. 서로 돕고 도우며 부족한 부분을 채워 주는 공생관계인 거지."

아버지께서는 꽃 덤불과 콩들을 바라보며 놀라는 정인이에게 한 마디 더 보태셨다.

"거 봐라, 처음 네 말대로 꽃 덤불과 콩 심을 자리에 온통 옥수수만 심었다면 아마 우리 밭도 지금쯤 병충해로 골치 꽤나 썩고 있을 것이다. 옆집 분이네도 이 아비의 조언을 듣고 콩이랑 섞어 심었다면 지금처럼 속을 태우지는 않았을 텐데…"

정인이는 아버지의 말씀을 들으며 여러 생명이 다양하게 어우러져 사는 게 얼마나 중요한지를 세삼 깨닫게 되었다. 처음 옥수수 씨앗을 심을 때, 아버지의 말을 따른 것이 참 다행이라고 생각하며 정인이는 안도의 한숨을 내쉬었다.

더 알아보아요

조상들의 지구 지키기
조상들의 생물 다양성 지키기

전통 농법으로 생물 다양성 지키기

우리 조상들은 누가 알려 주지 않아도 다양한 동식물과 함께 어울려 살아야만 우리의 삶도 풍요로워질 수 있다는 것을 잘 알고 있었나 봐. 조상들의 생활 곳곳에서 생물 다양성을 지키기 위한 흔적을 찾아볼 수 있으니 말이야.

우선 조상들은 농사를 지을 때도 여러 작물이 서로 어우러질 수 있도록 했단다. 다양한 품종의 작물을 한꺼번에 같이 기르거나 계절별로 서로 다른 작물을 심어 기르기도 했지. 밭의 고랑과 이랑에 서로 다른 작물을 심기도 했어. 이렇게 서로 다른 품종을 잘 보존하면, 그해 병충해가 온 마을을 덮쳐도 살아남는 품종이 있어서 그 피해를 최대한 줄일 수 있었기 때문이지.

토종 종자 보존으로 생물 다양성 지키기

 '농부는 굶어 죽어도 종자 자루는 베고 죽는다'는 말이 있을 정도로 우리 조상들은 보릿고개가 아무리 심해도 다음해에 뿌릴 종자는 절대 먹지 않았어. 종자들을 잘 보관해 두었다가 이듬해 봄에 다시 심어야 했기 때문이지. 그래서 한 해 농사는 종자를 잘 보관하는 것으로부터 시작된다고 할 수 있지. 농부가 농사를 짓고 수확한 씨를 다시 땅에 돌려 주면 씨앗은 각 지역의 토양과 기후에 맞게 진화해. 그리고 적응 과정에서 그 종류 또한 다양해지지. 이렇게 여러 세대에 걸쳐 우리 지역에 적응한 종자를 '토종 종자'라고 해.

 현재는 토종 종자가 많이 사라져서 그 자취를 감추었지만, 옛날에는 콩 종류만 해도 4천여 가지가 넘었다고 하니 조상들이 얼마나 종의 다양성을 지키려 노력했는지 알 수 있어.

▲ 다양한 콩 씨앗

이런 곳도 있어요

생물 다양성의 보고, 둠벙

'둠벙'은 웅덩이의 충청도 방언이야. 지역에 따라 덤벙, 둠뱅이라고 불리기도 하는데, 주로 논과 벼에 물을 대기 위한 용도로 쓰이는 물웅덩이야. 그런데 이 둠벙이 농사 외에도 어류나 곤충의 주요 서식처로 큰 역할을 했다고 하는구나.

둠벙이 있는 논과 없는 논의 생태를 비교해 보면, 둠벙이 있는 논이 없는 논보다 생물 다양성이 2.7배 정도 높다는 연구 결과도 있어. 지금도 둠벙에는 천연기념물로 보호되거나 개체 수가 많이 줄어든 물방개, 장구애비, 게아재비, 각시붕어, 미꾸리 등이 살고 있어.

농부들은 가뭄으로 논에 물이 부족해지면 둠벙에서 물을 끌어다 쓰기도 했고, 겨울철 먹을거리가 궁해지면 둠벙에서 물고기를 잡아다 허기진 배를 채웠다고 해. 둠벙은 우리가 지키고 보존해야 할 조상들의 생활 지혜 중 하나야.

▲ 밭 사이에 있는 둠벙을 위에서 본 모습

> 더 알아보아요

우리들의 지구 지키기
왜 다양한 종이 어울려 살아야 할까요?

생물 다양성이 중요한 이유

생물 다양성은 왜 중요할까? 지구에 살고 있는 다양한 생물종은 서로 먹고 먹히는 관계에 있어. 또 먹이 단계별로 적절한 개체수를 유지하며 생태

계 평형을 유지하고 있지. 그런데 인간의 무분별한 개발로 생물종이 하나씩 사라지고 있어. 당연히 안정되었던 생태계 평형도 차츰 무너져 가고 있지. 계속 이런 상태가 지속되면 물질의 자연스러운 순환은 얼마 안 가 멈추게 될 테고, 자연은 스스로의 자정 능력을 잃게 될 거야. 인간이 자연으로부터 받았던 풍요로운 자원들도 서서히 사라질 테고 말이야.

생물종이 사라지고 있어요

생물 다양성이 사라지고 있는 이유는 무엇일까? 여러 원인이 있지만 인간의 지나친 화석 연료 사용이 가장 큰 문제라고 할 수 있어. 화석 연료가 내뿜는 이산화탄소가 지구 기온을 올리면서 여러 생물의 서식지 환경을 변화시키고 있지. 급격하게 변한 환경에 적응하지 못한 종은 개체수가 줄거나 심하면 멸종하게 돼.

▲ 스코틀랜드 그렌지마우스에 있는 정유 공장

한 가지 예로 산호초를 들 수 있어. 지구가 점점 뜨거워지면서 산호초가 살고 있는 바닷물의 온도도 점점 뜨거워지고 있대. 그래서 병들거나 죽어 가는 산호초의 수가 점점 늘어나고 있어. 더 큰 문제는 산호초의 멸종 신호가 다른 바다 생물에게도 큰 영향을 미치고 있다는 점이야. 산호초에 알을 낳거나 천적을 피해 숨어 살던 많은 물고기도 함께 위험해진 거지. 다시 말해 한 생물종의 위험은 다른 생물종의 위험으로까지 이어지기 때문에 해양 생태계 전체에 적신호가 켜졌다고 할 수 있지.

사람들의 무분별한 개발로 인한 생물종 멸종이 문제!

사실, 몇몇 생물종의 멸종은 자연적으로 발생하기도 해. 그런데 지금 지구가 겪고 있는 생물 다양성의 감소는 자연적인 멸종 속도보다 약 1,000배나 빠르게 진행되고 있다는 점이 문제야. 원인은 사람들의 무분별한 개발과 그로 인한 기후변화 때문이지. 한 번 사라진 종은 어떤 방법을 써도 되살려 낼 수 없어. 더 이상 산호초를 포함한 다른 생물종들이 멸종되는 걸 보고만 있을 수는 없겠지?

> 더 알아보아요

모두의 지구 지키기 UN 편
현대판 노아의 방주, 스발바르 국제 종자 저장고

사라져 가는 식물 종자들을 다음 세대에 전해 주기 위해서 우리는 어떤 노력을 기울이고 있을까? 식물 종자들의 멸종을 막기 위해서 UN 산하기구인 세계작물다양성재단은 무슨 일이 있어도 안전한 천하무적 씨앗 창고를 만들었어. 아무나 만질 수 없게 눈에 잘 띄지 않으면서도 종자의 냉동 보관이 가능한 노르웨이 끝 스발바르제도라는 곳에 말이야.

▲ 스발바르 국제 종자 저장고

▲ 스발바르 국제 종자 저장고 내부

　이곳은 북극권에 속해 있어서 대부분의 땅이 빙하로 덮여 있대. 그래서 항상 영하 15도의 온도가 유지되어 종자를 오래도록 보관할 수 있어. 홍수가 나도 물에 잠기지 않도록 높은 곳에 지었다고 하니 더욱 안심이야.

　우리나라의 벼, 보리, 콩, 기장, 무 등 다양한 토종 종자도 이 스발바르 국제 종자 저장고에 보관 중이야. 훗날 예기치 못한 사고로 우리나라에 있는 식물 종자가 멸종될 위기에 처하면 이 저장고에 맡겨 두었던 종자들을 되돌려 받을 수 있는 거지. 스발바르 국제 종자 저장고는 우리 후손들의 식량을 책임지고 생물 다양성을 되찾는 데 사용될 수 있는 최후의 보루인 셈이야.

우리 조상들은
어떻게 지구를 지켰을까?

1판 1쇄 인쇄 2023년 6월 15일
1판 1쇄 발행 2023년 6월 23일

글 | 고은지 그림 | 이현정
펴낸이 이종일 | 책임편집 김수미 | 북디자인 design S
펴낸곳 버튼북스 | 등록번호 제386-251002015000040호 | 등록일자 2020년 4월 9일
전화번호 032-341-2144 | 팩스 032-352-2144
주소 경기도 부천시 소삼로 38 휴안뷰 101동 602호

ISBN 979-11-87320-48-7   73910

* 책값은 뒤표지에 있습니다.
* 이 책 내용의 일부 또는 전부를 재사용하려면 반드시 버튼북스의 동의를 얻어야 합니다.
* 잘못 만들어진 책은 구입하신 서점에서 교환해 드립니다.

KC	• 제조자명 : 버튼북스 • 주소 : 경기도 부천시 소삼로 38 • 전화번호 : 032-341-2144	• 제조연월 : 2023. 06. 23. • 제조국명 : 대한민국 • 사용연령 : 8세 이상 어린이 제품

버튼아이는 버튼북스의 아동 브랜드입니다.

사진 및 이미지 출처
위키미디어 공용 19쪽, 63쪽, 64쪽, 65쪽, 99쪽, 100쪽, 104쪽, 122쪽, 123쪽, 139쪽, 142쪽
셔터스톡 17쪽, 20쪽, 22쪽, 24쪽, 38쪽, 40쪽, 43쪽, 44쪽, 45쪽, 56쪽, 57쪽, 59쪽, 60쪽, 61쪽, 62쪽, 77쪽, 79쪽, 80쪽, 81쪽, 82쪽, 83쪽, 97쪽, 98쪽, 101쪽, 102쪽, 116쪽, 119쪽, 121쪽, 123쪽, 135쪽, 136쪽, 137쪽, 138쪽, 140쪽
국립중앙도서관 118쪽
국립백두대간수목원 143쪽